Carlos Marques

Lá Sou Amigo do Rei

As fantásticas histórias de um repórter aventureiro, que enfrentou a ditadura militar, foi torturado no Brasil e na Argentina, clandestino em Paris, amigo de celebridades como Salvador Dalí, Jean Genet, Pelé, Khrisnamurti e João Paulo II, cineasta, músico, especialista em discos voadores, apóstolo predestinado do Santo Daime, embaixador da Unesco por acidente, e voltou ao país como partiu: quase anônimo e sem um tostão

GERAÇÃO

Copyright © 2012 by Carlos Marques

1ª edição — Agosto de 2012

Grafia atualizada segundo o Acordo Ortográfico da Língua Portuguesa
de 1990, que entrou em vigor no Brasil em 2009

Editor e Publisher
Luiz Fernando Emediato (LICENCIADO)

Diretora Editorial
Fernanda Emediato

Produtor Editorial
Paulo Schmidt

Assistente Editorial
Erika Neves

Capa e Projeto Gráfico
Alan Maia

Diagramação
Kauan Sales

Revisão
Lorena Madlun

DADOS INTERNACIONAIS DE CATALOGAÇÃO NA PUBLICAÇÃO (CIP)
(Câmara Brasileira do Livro, SP, Brasil)

Marques, Carlos
    Lá sou amigo do rei / Carlos Marques. --
São Paulo : Geração Editorial, 2012.

    ISBN 978-85-8130-021-4

    1. Jornalistas – Brasil 2. Marques, Carlos
3. Memórias autobiográficas I. Título.

12-02669   CDD: 079.092

Índices para catálogo sistemático

1. Jornalistas : Memórias autobiográficas   079.092

GERAÇÃO EDITORIAL

Rua Gomes Freire, 225/229 — Lapa
CEP: 05075-010 — São Paulo — SP
Telefax.: (+ 55 11) 3256-4444
Email: geracaoeditorial@geracaoeditorial.com.br
www.geracaoeditorial.com.br
twitter: @geracaobooks

2012
Impresso no Brasil
Printed in Brazil

Ao querido Taoana, na outra vida;

nesta vida, à amada Vaneza

Sei que pareço um ladrão...
Mas há muitos que eu conheço
Que, sem parecer o que são,
São aquilo que eu pareço.

António Aleixo

SUMÁRIO

PREFÁCIO. Personagem de si mesmo...11

1. Sobre padres, Deus e o Diabo...15

2. Apesar de você...29

3. Revólveres de sabão e anjos hindus...51

4. Estrepolias jornalísticas...79

5. Clandestino na Cidade Luz...99

6. Dois atores e seus personagens...121

7. Um especialista em óvnis abduzido...137

8. Dez anos depois...153

9. Nazistas na Amazônia...173

10. Diplomata da noite para o dia...197

EPÍLOGO. Lá sou amigo do santo...233

ANEXO...245

ÍNDICE ONOMÁSTICO...257

PREFÁCIO

Muniz Sodré*

Personagem de si mesmo

Carlos Marques é uma pessoa, óbvio. É personagem também. Personagem de si mesmo, que não faz dele um duplo à maneira freudiana, mas talvez uma figura literária viva. É o que a história do romance conhece como *pícaro*, isto é, aquele homem comum que toma o lugar do herói romanesco anterior ao século XVII, por oferecer ao leitor uma imaginativa pintura da vida social, ao mesmo tempo satírica e maliciosa.

De fato, um bom modo de apresentar o Marques (eu sempre o chamei pelo sobrenome) me parece o de evocar esse ator ficcional, cortando aquelas insinuações, digamos, pequeno-burguesas, que datam do *Gil Blas*, de Lesage, e apostando nos aspectos aventurosos do personagem.

Gil Blas, como bem sabem os críticos, é o relato divertido de não-sei-quantos episódios, que oscilam entre a maledicência e a caricatura de figuras muito ou pouco conhecidas no território francês. Os escritores "picarescos" enfatizavam o quotidiano vivo da paisagem social, temperando com o cômico e o patético o romance pobre de imaginação.

Pícaro quer dizer aqui, portanto, aquele caráter romanesco rico em acontecimentos pitorescos que o personagem Marques vive e contorna, às vezes com uma sutil demanda de enternecimento, outras com a desenvoltura do *malandrin* oitocentista. Entenda-se: com a esperteza de quem sabe se virar.

Eu o conheço desde o início dos anos 70, quando ainda também me virava na lide jornalística e chefiava a reportagem da finada *Manchete*. Lá se vão quatro décadas, e Marques mudou apenas na cor dos cabelos lisos de bugre pernambucano, que hoje ostentam o branco da idade. Naquela época, ele já era o narrador de uma lenda pessoal, que o fazia trânsfuga político. Preso por ter trabalhado com Paulo Freire, foi torturado sem saber exatamente o porquê e terminou salvo por um bispo. Nessa trajetória, a exemplo do pícaro, são muitas as suas peripécias.

Eu francamente não tinha conhecimento naquela época dos detalhes bárbaros da prisão do Marques, que não são nada engraçados. Era normal, aliás, que as pessoas se protegessem, omitindo os traços de sua suposta periculosidade, para garantir a permanência no emprego. Do silêncio da vítima viria a condescendência do carrasco.

Clara, para mim, era a sua qualidade de repórter-furão. Vamos supor que uma dezena de repórteres tivesse como missão entrevistar uma figura difícil (e como eram difíceis as figuras de poder antes do império da mídia...), fosse um presidente da república ou um papa. Ele chegaria em primeiro lugar. Por isso, parecia tão normal na parede do apartamento em Paris a sua foto ao lado de João Paulo II, que me parecia estar à beira do riso. Papa não ri, a menos que compungido pelo relato de um pícaro.

Ele poderia ter sido um desses repórteres que fazem o folclore do gênero. Difratava-se, porém, que nem bolinha de mercúrio, garantido pela talentosa vocação de *factotum*, que reconhece como sua. Cinema, por exemplo: Marques fez O *aval da carne*, um documentário surpreendente sobre os mortos no carnaval, dedicado a Glauber Rocha e a Zuenir Ventura, duas de suas admirações. Essa aptidão, vinda não se sabe de onde, lhe valeria, décadas depois, o cargo de diretor do audiovisual na Unesco, em Paris.

Paris, sim, foi sempre o seu *carrefour existencial*. Na Cidade Luz, Marques fez de quase tudo, brilhando e apagando-se com a intermitência de uma lâmpada instável. Há quem o tenha visto com o chapéu de *chef restaurateur* sendo cumprimentado pelos clientes de um restaurante. Há quem, momentaneamente em seu apartamento, tenha atendido a um telefone de Catherine Deneuve, que o procurava. Outros o viram dirigindo filmes na Eurodisney. Eu próprio o vi, feio que sempre foi, com mulheres muito bonitas ao lado.

Extraordinário é que, em meio à multiplicidade de aventuras e desventuras, a música lhe tenha surgido como um bálsamo e pausa criativa. Sem conhecer uma nota sequer da pauta musical, sem jamais se apresentar como poeta, Marques compõe, com letra e melodia, canções muito ternas, gravadas por artistas diversos e tocadas em rádios francesas.

É como se a música o fizesse reinventar o seu real.

Neste *Lá sou amigo do rei*, o relato picaresco de suas andanças pelo mundo, merece análise social o "lá" do título. O advérbio me parece uma metáfora maliciosa para os bastidores da cena pública. Haverá, sempre há os céticos. Mas o Marques, disto bem ciente, previne no final do livro: "Eu não contei nem a metade de tudo o que vi".

* Muniz Sodré é jornalista, sociólogo e professor da Universidade Federal do Rio de Janeiro, na Escola de Comunicação. Já exerceu o cargo de diretor da Biblioteca Nacional. Dirigiu a TV Educativa e publicou quase uma centena de livros e artigos, na área da comunicação (jornalismo em especial) mas também livros de ficção e um romance (*O bicho que chegou a feira*). Algumas de suas obras mais conhecidas são *Monopólio da fala* (sobre o discurso da televisão) e *Comunicação do grotesco* (sobre programas de TV que exploram escândalos e aberrações). Um dos poucos teóricos brasileiros com circulação e respeitabilidade no exterior, é professor e palestrante de diversas instituições em países como Suécia, França, EUA, Espanha, Portugal, Colômbia, Bolívia, Uruguai, Peru e outros.

1

Sobre padres, Deus e o Diabo

Todos os caminhos me haviam levado até a Cidade Eterna, naquela manhã de sábado de 1991, à sombra das cúpulas e campanários que torreavam para o céu. Estávamos no Vaticano, o diretor-geral da Unesco, dom Federico Mayor, e eu, acompanhados de nossas esposas, aguardando uma audiência com Sua Santidade, o papa João Paulo II.

Percorrendo os corredores elevados, reluzentes de marmórea magnificência, e as suntuosas galerias adornadas por obras-primas dos gênios do Renascimento, cercados por séculos de arte e arquitetura, observados por estátuas e por empertigados membros da guarda suíça com seus uniformes quase carnavalescos de tão coloridos, Mayor e eu revíamos em voz baixa a pauta para a aguardada entrevista, que versava sobre a participação do Vigário de Cristo no documentário produzido pela Unesco e dirigido por mim, filme que abriria a ECO-92 no Rio de Janeiro, a maior reunião ambientalista da História e também a que congregou mais chefes de estado que qualquer outra, antes e depois.

Para fazer esse filme, eu havia percorrido vinte países em onze meses. Quando perguntado quais as personalidades que deveriam figurar no elenco, enumerei, entre cientistas e líderes mundiais, Nelson Mandela, Yasser Arafat, Jacques Cousteau, o presidente do Brasil (país que sediaria o evento) e o papa João Paulo II. A esse último personagem dom Federico reagiu com vigor catalão:

— É muito difícil, quase impossível! Você não conhece as complicadas intrigas e exigências protocolares do Vaticano para a concretização de tal empreitada. Eles são insuportáveis! Além disso, nosso tempo é curto, curtíssimo, e você tem que concluir essas filmagens!

Ele não exagerou, mas eu tinha uma carta na manga: minha insólita amizade com dom Lucas Moreira Neves, cardeal primaz do Brasil, que conseguira a audiência, pela qual tivemos de esperar dois meses inteiros. Seria meu segundo encontro com Sua Santidade. O primeiro, também conseguido por dom Lucas, então apenas frei Lucas, tivera lugar em 1983, quando participei do Festival de Veneza com o filme documentário *Carnaval, o aval da carne*. Nessa ocasião, de passagem por Roma, eu fora hóspede do frei, e como ele era secretário para a Congregação dos Bispos, seu apartamento ficava colado ao do Santo Padre, de quem era não só confessor, mas também amigo íntimo. Foi um encontro rápido, no qual recebi a bênção papal seguida de um sorriso beatífico do sucessor de são Pedro, que repetia em voz baixa:

— *Brasileirro... brasileirro!*

Lá estava eu de novo, oito anos mais tarde, conduzido por cardeais ao encontro do representante de Deus na Terra, em sua biblioteca particular, desta vez para uma conversa mais longa. Minha trajetória tão atípica havia feito o meu caminho cruzar com o de dom Lucas e agora o faria cruzar, pela segunda vez, com o do sumo pontífice.

Sorri interiormente diante da ironia da situação, mas depois me dei conta do quão apropriada ela era. Quero dizer, por que seria de admirar que eu acabasse diante do chefe de todos os padres, sendo eu mesmo filho de padre?

* * *

Meu pai e minha mãe se conheceram num confessionário.

Pernambucano, papai foi jesuíta na Espanha durante a Guerra Civil, e ele nos contava como fugiu para Portugal em um caminhão, junto com outros colegas de batina, escondido debaixo de imagens religiosas, a fim de escapar à sanha dos comunistas espanhóis, que fuzilavam padres e freiras nas ruas.

De Portugal ele voltou ao Brasil, lecionou no Colégio Nóbrega, em Recife, e depois foi morar com minha mãe em Jaboatão dos Guararapes, meu torrão natal.

Meu padrinho, Edson Nery da Fonseca, o melhor biógrafo de Gilberto Freire, foi aluno de papai e sobre ele deixou algumas linhas num artigo para o *Diário de Pernambuco*:

> Conheci Agnísio Marques no Colégio Nóbrega como prefeito dos internos mais moços. Impossível esquecê-lo a jogar futebol com a sotaina preta dos jesuítas. Era um tempo em que o padre só tirava a batina para dormir ou tomar banho. Nem havia o *clergyman*. Os meninos adoravam o padre Marques, sempre rígido na disciplina e severo nos

estudos, mas popularíssimo nos recreios. Tanto que jogava futebol com seus pupilos.

Ele podia ser popularíssimo na escola; em casa era apenas rígido e severo. Como todo inaciano, era muito culto, fluente em línguas vivas e mortas. Chegava a obrigar-nos a falar latim à mesa, quem quisesse sopa precisava pedir *Dona mihi suppa*.
Mas a sua bagagem cultural de pouco lhe serviu quando resolveu largar a batina para ficar com mamãe. Era muito difícil para ele arrumar emprego, pois na época um ex-padre era automaticamente um excomungado. O que ele ganhava dando aulas numa escolinha de Jaboatão não bastava para sustentar a sua família, que só fazia crescer, pois se negligenciara outros votos, o mandamento bíblico "multiplicai-vos" ele cumpria à risca.
Ao contrário do meu pai, mamãe mal sabia assinar o nome, porém era mais inteligente que ele, e chegava mesmo a operar milagres, como transformar uma coxa de frango num jantar para dez pessoas: a verdadeira multiplicação dos pães. Sua inventividade culinária assegurava uma mesa sempre farta aos domingos. Em casa nunca havia dinheiro, mas fome não se passava, graças ao domínio de mamãe sobre a economia doméstica.
Papai e mamãe tiveram treze filhos; oito morreram na infância, retrato típico da mortalidade infantil do Nordeste em meados do século XX. Um desses irmãos falecidos, Antônio Carlos, tinha nove meses de diferença com relação a mim, pois papai não esperava, não dava tempo ao tempo.
Nasci no dia 29 de janeiro de 44, que foi um Sábado de Zé Pereira, ou de Carnaval, às oito da manhã. Mamãe estava sozinha em casa ao ser acometida pelas dores. No momento em

que botei a cabecinha para fora, estourou uma batucada, *Tum, tchca bum, tchca bum*. Essa bateria de escola de samba vinda da rua foi a anestesia dela. Pelo menos minha chegada ao mundo foi saudada com tambores e cuícas.

Mamãe contou que, num dia que papai estava dando aula na escolinha, ela encontrou uma imensa surucucu enrodilhada dentro do berço, junto com meu irmão e eu, os três dormindo. Em pânico, quis chamar por socorro, mas não podia fazer barulho, para não acordar nem a nós, nem a cobra. Mandou então alguém buscar o meu pai; quando ele chegou, continuávamos dormindo, meu irmão, a cobra e eu. Papai trouxe os alunos da escolinha, que ficava perto, e com eles planejou uma estratégia de guerra. Um deles viria e me jogaria pela janela, outro pegaria o meu irmão e jogaria pela janela, para então dar cabo da serpente. Foi o que fizeram. Morta a pauladas, ela serviu de almoço para toda a turma da escola.

Muitos dos meus irmãos falecidos foram enterrados no quintal lá de casa. Meu primeiro time de futebol de botão foi feito, por mim mesmo, dos ossinhos dos meus irmãos, que eu encontrava pelo quintal — os melhores botões eram feitos de osso. Meu primeiro revólver de brinquedo foi o antebraço de um irmãozinho, que completava a fantasia de zorro, com a máscara feita de câmara de pneu. Papai chegou a ver isso e me passou um pito: "Larga isso, menino, isso é o cadáver do teu irmão!"

Quando eu tinha cinco ou seis anos, moramos por um curto período em Ipojuca; a pobreza de papai tornava nossa existência um tanto nômade. Ipojuca tem uma praia chamada Porto de Galinhas, que no meu tempo de criança era uma colônia de pescadores. Havia projeção de filmes uma vez por mês, no salão paroquial, e cada um levava a sua cadeira para assistir à sessão de cinema. É o que conto na minha música "Levei cadeira pro cinema".

Levei cadeira pro cinema
quando queria assistir à *sessão*
lá no salão paroquial
daqueles padres
numa pequena cidade do interior

Em Recife, aos sete anos, eu já dava amostras do caráter encrenqueiro que me acompanharia a vida toda. Uma vez, na aula de História do Brasil, a professora fez à classe a seguinte (e cretiníssima) pergunta:
— Quem levou a carta de Pero Vaz de Caminha ao rei de Portugal?
Como não imaginei, mesmo em tão tenra idade, que mandariam uma caravela de volta só para isso, respondi:
— Pombo correio.
Por essas e outras acabei expulso da escola.
O aprendizado de violino rendeu mais. Ganhei um, velho e de cordas enferrujadas, da tia Dulce, bondosa irmã de meu pai e a mais bem-sucedida de todas. As lições que tive com o velho sacristão da igreja me incentivaram, depois, a tentar uma carreira musical sem muito futuro, mas hoje capaz de me trazer esporádicas alegrias.
Aos nove anos de idade eu já trabalhava como acólito, ajudava na missa. Todas as sextas os cinquenta cruzeiros que eu recebia iam direto para a minha mãe fazer a feira. Não mais que uma criança, já me sentia como se eu cuidasse da família.

Isso, em vez de me tornar mais responsável, deixou-me mais rebelde. Comecei a chegar tarde em casa, já me comportava como moleque de rua. Certa noite, muito depois do jantar, entrei e vi meu pai sentado na sala, no escuro. Ele me deu um esporro, fui respondão. Arrancando a unha do pé, ele me disse:
— Saia de minha casa!
Dirigi-me ao meu quarto, fiz minha malinha e fui embora. Mamãe chorava.
Virei oficialmente moleque de rua. Um padre me recolheu e me levou para morar no mosteiro dos beneditinos em Olinda. No mosteiro eu prestava serviços de jardinagem e outros mais difíceis de classificar, como permitir que um dos padres viesse à noite fazer sexo oral em mim. Não contente com isso, ele me repreendia depois, no confessionário, pelo *meu* pecado.
— Algum novo pecado, filho? — perguntava ele com a cara mais lavada do mundo.
— Sim, meu pai: fiz sexo! — eu respondia, compungido.
Fui atribulado pelo meu primeiro conflito religioso: Deus e o Diabo lutavam para se apossar de minha alma. O que tornava esse confronto particularmente penoso era que, na minha cabeça infantil, o Todo-Poderoso e o Capiroto eram um só: aquele monge. Ele era Deus quando estava celebrando a missa e dando a comunhão, e era o Diabo quando ia me procurar no meu quartinho para me molestar sexualmente.
Farto desse abuso, fugi para a rua de novo.
Entre pernoites na rua, em marquises, e na casa dos meus pais, sob os auspícios de mamãe, consegui emprego no hoje extinto Banco do Povo, na rua do Imperador, em Recife. Meu pai conhecia o gerente do banco, onde trabalhei como *office boy* — ainda nem se usava o termo no Brasil —, servindo

cafezinho e memorizando os números das contas dos correntistas mais assíduos. Um desses era o insigne poeta Ascenso Ferreira, figura máxima do Modernismo em Pernambuco, amigo de Manuel Bandeira e Mário de Andrade.

É claro que eu era pequeno demais para compreender a obra dele, mas fazia ideia da sua magnitude pela reverência com que todos o tratavam. Um dos seus poemas, "Minha escola", lembrava um pouco o que eu padecera sob papai:

> *A escola que eu frequentava era cheia de grades como as prisões.*
> *E o meu Mestre, carrancudo como um dicionário;*
> *Complicado como as Matemáticas;*
> *Inacessível como* Os Lusíadas *de Camões!*
> *À sua porta eu estacava sempre hesitante...*
> *De um lado a vida... — A minha adorável vida de criança:*
> *Pinhões... Papagaios... Carreiras ao sol...*
> *Voos de trapézio à sombra da mangueira!*
> *Saltos da ingazeira pra dentro do rio...*
> *Jogos de castanhas...*
> *— O meu engenho de barro de fazer mel!*
> *Do outro lado, aquela tortura:*
> *"As armas e os barões assinalados!"*
> *— Quantas orações?*
> *— Qual é o maior rio da China?*
> *— A 2 + 2 A B = quanto?*
> *— Que é curvilíneo, convexo?*
> *— Menino, venha dar sua lição de retórica!*
> *— "Eu começo, atenienses, invocando*
>   *a proteção dos deuses do Olimpo*
>   *para os destinos da Grécia!"*

— Muito bem! Isto é do grande Demóstenes!
— Agora, a de francês:
— "Quand le christianisme avait apparu sur la terre..."
— Basta.
— Hoje temos sabatina...
— O argumento é a bolo!
— Qual é a distância da Terra ao Sol?
— ? !!
— Não sabe? Passe a mão à palmatória!
— Bem, amanhã quero isso de cor...
Felizmente, à boca da noite,
Eu tinha uma velha que me contava histórias...
Lindas histórias do reino da Mãe-d'Água...
E me ensinava a tomar a benção à lua nova.

Como ninguém ele soube ser erudito e popular na sua criação.

Era um homem grandalhão, muito afável, com seu inseparável chapéu de palha e seus ternos de linho branco. Quando me via, gritava com o vozeirão de estentor:

— Moleque, qual é o número da minha conta?

Ascenso gostava de mim, pois eu não só sabia o número da conta dele, como também quanto dinheiro havia nela, 20 mil réis, 30 mil réis, em que ele o gastava, etc. Ao cabo de dois anos ele já havia se tornado meio amigo, meio padrinho, até mesmo confidente, dado o meu conhecimento das suas finanças. Ele me levava para tomar caldo de cana, lá na rua do Imperador, o que me enchia de orgulho. "Eu também sou poeta", dizia-lhe, e mostrava umas bobagens que eu escrevinhava.

— O que você quer ser quando crescer? — perguntou Ascenso.

— Jornalista.
— Então vou te apresentar ao diretor de redação do *Diário de Pernambuco*.

Era então o grande jornal do Nordeste e continua sendo o periódico mais antigo em circulação na América Latina. O diretor se chamava Antônio Camelo. Apresentei-lhe dois poemas horríveis de minha lavra, intitulados "Luz Vermelha você me salvou" e "Josué por que moleque?" Eu tinha só dez anos. O Camelo disse:

— Lindas as suas poesias, mas se quiser vir trabalhar aqui, tenho vaga para contínuo.

Assim, moleque de calça curta ainda, iniciei minha promissora carreira de repórter catando lixo, lavando banheiros e comprando cigarro para os outros na barulhenta redação do *Diário de Pernambuco*. Havia lá um copidesque, o Mauro Motta, que mais tarde entraria para a Academia Brasileira de Letras, e outro, um jornalista que escrevia sobre política, bebia feito esponja e me pedia todos os dias que fosse comprar cachaça para ele no bar da esquina, favor pelo qual eu ganhava dois tostões. Hoje ele é diretor superintendente dos Diários Associados em Pernambuco, e se chama Joezil Barros.

Embora respirasse jornalismo, não foi no *Diário* que comecei a praticá-lo, eu, que nem concluíra o curso primário. Em 62, Miguel Arraes era candidato a governador de Pernambuco, e o poderoso Samuel Wainer, para apoiar-lhe a campanha, abriu uma sucursal do seu jornal Última Hora em Recife. A nata do jovem jornalismo local foi contratada para tocar o novo periódico nordestino; dela faziam parte Milton Coelho da Graça, Eurico Andrade e Josimar Moreira. Eurico, que trabalhava no *Diário*, me convidou para ir com eles, e eu fui.

Comecei no Última Hora de Recife com o de sempre: lavava a redação e comprava cigarro para futuros colegas. Mas minha primeira chance surgiria em breve, com a ajuda do hoje consagrado dramaturgo e autor de telenovelas Aguinaldo Silva, então copidesque no novo jornal. Embora tivesse a mesma idade que eu, ele já despontava para a fama, tendo publicado em 1960 um romance, *Redenção para Job*, graças à ajuda do grande escritor mineiro Fernando Sabino, para quem ele enviara os originais. Sua postura isenta de afetação, com gestual e palavras sempre elegantes e precisas, despertavam admiração e inveja. O Aguinaldo vivia tentando transar comigo, e como éramos os últimos a sair da redação, eu precisava ficar me esquivando aos avanços dele.

Minha primeira matéria ocorreu totalmente por acaso. Certa feita irrompeu um incêndio tarde nalgum lugar e não havia repórter para cobrir, pois todos tinham ido embora. O Eurico então me disse:

— Vá até o incêndio, anote todos os dados e deixe-os num papel, que amanhã eu escrevo a matéria.

Eu já conhecia bem, por observação, o *modus operandi* de um repórter. Fiz o que ele disse, e ao voltar para a redação, o Aguinaldo, que ali se encontrava, falou-me para eu fazer a matéria, que ele corrigiria. Não me sentia seguro para tanto, ao que ele propôs:

— Vamos escrever juntos.

Aí começamos, eu com as mãos na máquina de escrever, as dele ora me bolinando, ora datilografando. Deixamos o texto pronto na mesa do Eurico, e, quando ele chegou na manhã seguinte, adorou a matéria e publicou-a sob o nome "Carlos Marques", escolhido por ele mesmo, já que Carlos Alberto

Marques de Souza não soava muito jornalístico. Foi a maior glória para mim, que a partir de então fui promovido a repórter estagiário, além de faz-tudo.

Aguinaldo era o meu copidesque, o primeiro e mais afetuoso de um time de escritores talentosos que, mais tarde, na revista *Manchete*, deram forma e beleza aos meus textos caóticos, como Clarice Lispector, Raimundo Magalhães Jr., Carlos Heitor Cony, Joel Silveira e Cícero Sandroni. Pacientemente ele corrigia meus rascunhos de reportagem e me prodigalizava conselhos valiosos, bem como tentativas contínuas de sedução.

Repórter já, passei a ter um emprego e um salário propriamente ditos. Foi nesse período que conheci Paulo Freire e me envolvi com política estudantil, eu que nem estudante era.

2

Apesar de você

MIGUEL ARRAES FOI eleito governador de Pernambuco em 62: o Última Hora cumprira bem seu papel. O período de efervescência política estimulada por esse acontecimento arrebatou milhares de jovens nordestinos, eu entre eles.

Aproximei-me das Ligas Camponesas e do seu líder Francisco Julião, que, entusiasmado com Fidel Castro e a vitória da Revolução Cubana em 59, queria fazer a mesma coisa no Brasil. Conheci o Julião em Limoeiro, aonde fui querendo me inscrever como um dos seus guerrilheiros. Ninguém lá era guerrilheiro coisa nenhuma, mas gostavam de pensar que o eram.

Acabei, no entanto, me afastando das Ligas por influência de um rival dele, o jovem padre Antônio Melo, pároco da pequena cidade do Cabo, contestador totalmente alucinado e destrambelhado, cujo propósito parecia ser o de derrubar o Julião e tomar-lhe o lugar. Ele encarnava, na verdade, uma tentativa da Igreja de fazer com que os camponeses se organizassem dentro da lei e da ordem, sem cair nos braços do comunismo ateu. Por isso mesmo o estilo dele era mais o de um Antônio Conselheiro, com sua pregação político-carismática. Ele liderava um movimento católico de esquerda chamado Grupão, que englobava revolucionários sem queda pela guerrilha, ou seja, revolucionários intelectuais, espécie de resistência pacífica (ou "revolucionários de sofá", como diriam os seus detratores). Mais tarde o padre Antônio Conselheiro, aliás, Antônio Melo, foi até acusado de ser um agente da CIA.

Foi no Grupão que conheci minha primeira paixão adolescente: Madalena Freire, filha do educador Paulo Freire e futura esposa de Francisco Weffort, ministro da Cultura do presidente FHC. Era linda, inteligente, eu a queria de qualquer jeito, mas ela se esquivava habilmente do meu infantil assédio. Até que ela me levou um dia até a sua casa, apresentou-me ao pai e à mãe, e então eu fiquei apaixonado foi pelo Paulo e pela Elza, esposa dele. Vendo em mim um pobre garoto abandonado, o casal Freire praticamente me pegou para criar.

Minha associação com o homem que considero meu pai de criação, o sensato e bondoso Paulo Freire — cujo método de alfabetização em quarenta horas ganhou fama internacional e o transformou num dos mais importantes pedagogos do mundo — foi a maior alegria da minha adolescência, mas também a causa dos episódios mais sombrios e aterradores que já passei na vida.

Ao conhecê-lo eu era, entre outras coisas, o engraxate oficial do primeiro superintendente da recém-criada Sudene, o economista Celso Furtado, que eu reencontraria anos depois em Paris, ao lado de sua devotada esposa, a jornalista Rosa Freire d'Aguiar. Todas as manhãs, no seu espaçoso escritório na avenida Dantas Barreto, eu o aguardava, lata de graxa e flanela em punho, para dar brilho ao seu pisante, como ele dizia. Quando revelei que, a partir do dia seguinte, não mais o esperaria, pois decidira procurar emprego junto ao professor Paulo Freire, Celso me incentivou.

— Com certeza você terá mais futuro com ele que comigo.

No entanto, considero que o meu verdadeiro batismo político ocorreu durante minha primeira viagem ao Rio de Janeiro, em 1963. Incentivado pelo governador Arraes, fui a São Paulo participar de um encontro promovido pela Juventude Estudantil Católica, ou JEC, sigla assaz infeliz, por sinal. Havia também a JAC, Juventude Agrícola Católica, a JOC, Juventude Operária Católica, e a JUC, Juventude Universitária Católica. Foi a JUC, aliás, que deu origem à famosa AP, Ação Popular.

Foi também minha primeira viagem de avião. Viajei com pouquíssimo dinheiro, uma merreca; a passagem fora paga pelo governador. O avião era um Constellation, e o trajeto de Recife ao Rio era longo, durava cerca de nove horas, parando o tempo todo, um voo pinga-pinga.

Passei uma fome do cão nessa viagem. Naquela época todas as refeições eram servidas no avião. Como eu ainda era muito jeca, não sabia se elas eram pagas ou não, e quando vinha a aeromoça me oferecer almoço, jantar, etc., eu dizia não, muito obrigado. No final, estava tão faminto que pedi uns sanduíches. Quando estávamos prestes a desembarcar no Rio, chamei a aeromoça e pedi a conta. Rindo, ela me disse que as refeições estavam incluídas no preço da passagem, e que eu havia passado fome à toa.

No Rio conheci Rose Marie Muraro, a mais atuante líder feminista brasileira, que por sua vez me apresentou a Carlos

Alberto Libânio Christo, o frei Betto, então dirigente nacional da JEC. Fiquei hospedado no apartamento da direção geral da JEC, em Laranjeiras. Depois de 64, fui preso nesse mesmo apartamento no lugar do Betto umas três vezes, pelo simples fato de me chamar também Carlos Alberto, como ele. Betto era inclusive nascido em 44, como eu.

Do Rio segui de ônibus para São Paulo e participei do encontro, que teve lugar no Colégio Arquidiocesano. Em meio aos sobressaltos e deslumbramentos de um jovem caipira do interior do Nordeste na maior cidade do hemisfério Sul, fiz amizade com Fausto Figueira de Melo Jr., filho de um expressivo militante e renomado médico de posições políticas desafiadoras. Além de amigo fiel e autêntico guia, acolheu-me em sua casa paterna no bairro do Jabaquara, onde vim a conhecer a grandiosidade das ações de seu pai. O doutor Fausto Figueira foi criador — junto com o célebre dominicano frei Carlos Josaphat — do histórico jornal *Brasil, Urgente*, pioneiro da imprensa alternativa que daria voz à emudecida oposição à ditadura. Tratando-me como filho, ele seria um dos primeiros a me incentivar num engajamento político efetivo, quando nem desconfiávamos que um golpe militar se aproximava.

Voltei a Recife mais politizado, tendo conhecido alguns dos próceres da esquerda brasileira. Comecei a participar das reuniões da JUC, nos fundos da Igreja de Nossa Senhora da Conceição, cujos paroquianos passei a conhecer de vista ou de cumprimentar. Um deles era o velho marechal cearense Castelo Branco, então comandante do 4º Exército em Recife, que comparecia religiosamente à missa todos os domingos, acompanhado de sua amável senhora, dona Argentina. Ninguém poderia imaginar que aquele anão sem pescoço, igual a um sapo fardado, em menos de um ano lideraria um golpe de estado e implantaria uma ditadura militar que oprimiria o povo brasileiro por duas décadas, fazendo-o retroceder ao que era antes da Revolução de 30.

Meu amor e lealdade a Paulo Freire, aos seus ensinamentos e exemplos, só faziam crescer. Mal pude acreditar na minha felicidade quando ele me convidou para integrar a equipe que, na cidade de Angicos, no Rio Grande do Norte, faria as primeiras aplicações do método de alfabetização que levava o seu nome. A partir daí eu nunca mais quis me afastar do Mestre.

No fim do ano ele anunciou sua partida para o Rio de Janeiro, a fim de dirigir o PNA, Programa Nacional de Alfabetização, a convite do então ministro da Educação, Júlio Sambaqui, substituto do inflamado líder das esquerdas brasileiras, Paulo de Tarso Santos, que havia lançado Paulo Freire como nome nacional, além de apoiar o seu programa de conscientização. Sendo minha separação do clã Freire coisa impensável, anunciei sem hesitar:

— Vou com o senhor!

Eu o seguiria a qualquer lugar do mundo. Fizemos malas e embarcamos naquela aventura que acabaria por levar-nos a enxovias infectas, à tortura e ao exílio em países distantes.

Nossa primeira parada foi na capital, Brasília, onde ficamos hospedados na mansão cedida pelo ministro Sambaqui, na Península dos Ministros. Esse primeiro contato com o mundo dos poderosos impressionou vivamente o garoto provinciano que eu ainda era. Ao lado daquele que todos consideravam o mestre revolucionário e inovador que ajudaria o presidente João Goulart a acabar com o analfabetismo no Brasil, eu, na minha cabeça idealista de adolescente, me sentia fazendo história.

Na Cidade Maravilhosa, com o mesmo clima entusiasmado de descoberta de um novo mundo, fomos instalados no Palácio Capanema, de vistosa arquitetura assinada por Le Corbusier e Oscar Niemeyer, estrutura imponente que parecia sob medida para os nossos sonhos e pretensões grandiosas.

Da pequena equipe pernambucana do Mestre fazia parte um conhecido escritor e filósofo pernambucano, Jomar Muniz de Brito, que morava no mesmo hotel que eu e outros três ou quatro integrantes, o Regina, na Praia do Flamengo, rua Ferreira Viana, 29.

Quem dirigia o PNA no Rio de Janeiro era um sujeito estranhíssimo chamado Aron Abend, judeu militante do Partido Comunista que mais tarde virou guru, adotando o nome de Swami Deva Prashanto. A aparência dele, com seus longos cabelos e barbas estilo Karl Marx, era impressionante. Fazíamos reuniões com o Aron todos os dias, e em janeiro de 64 ele profetizou: "vem aí um golpe de estado", comprovando sua fama de bruxo. Paulo Freire descartava essas previsões. "Não escuta esse maluco não", dizia-me.

Em 1º de abril, Dia da Mentira, sobreveio o golpe, e as trevas cobriram o país. Num piscar de olhos nossos sonhos foram estilhaçados por metralhadoras, esmagados por tanques e pisoteados por coturnos, que derrubavam portas de supostos subversivos e inimigos do novo regime autoritário. O Rio de Janeiro virou praça de guerra, e todos que não aderissem à reacionária Marcha da Família, de 2 de abril, eram considerados perigosos comunistas, possivelmente comedores de criancinhas. Detenções, espancamentos e torturas entraram na ordem do dia.

Como líder natural e alvo prioritário das forças repressivas, procurado por centenas de agentes da polícia e dezenas de soldados truculentos, despreparados e mal alimentados, Paulo Freire pediu asilo político na embaixada da Bolívia, um velho casarão detrás do morro da Viúva, enquanto eu, ingenuamente, hesitava em deixar o modesto apartamento do Hotel Regina, onde estava registrado como hóspede com pensão completa (apartamento, café da manhã, almoço e jantar), tudo pago pelo Ministério da Educação e Cultura do governo democrático recém-deposto.

Desarvorado, sem saber o que fazer, fui ao encontro do Mestre na abarrotada sede da embaixada onde ele se refugiara. Paulo me mandou ficar lá e partir para a Bolívia consigo, mas a ideia me causava horror, e além do mais, eu não acreditava estar correndo perigo. Eu não era ninguém, era apenas um rapaz latino-americano sem dinheiro no banco, sem parentes importantes e vindo do interior, parafraseando um cantor cearense. Por que os milicos perderiam tempo com um peixe pequeno como eu? Mesmo que me prendessem, com certeza me soltariam em seguida, e umas poucas horas de detenção eram preferíveis a um exílio boliviano!

— Mestre, vou embora daqui. Os militares não têm o menor interesse em mim.

Paulo Freire ficou furioso comigo.

— Você parece criança ou louco! Vai ficar asilado aqui também! Será que não entende? Eles vão te pegar assim que você sair daqui, você vai ser torturado até a morte! Essa gente não está para brincadeira, são violentos, desumanos! Você vai ser morto!

Eu chorava feito criança diante dos gritos e ameaças daquele homem tão sábio, tão calmo e ponderado, que nunca havia me dado uma bronca antes. Foi a única vez que desobedeci ao Mestre, e paguei caro por isso.

Naquele mesmo dia, acuado, solitário, deprimido, desconfiado de tudo e de todos, trancado naquele quarto de hotel incolor disputando espaço com cadeira, mesa e velhas malas, escutei barulhos vindos de fora e, olhando pela janela, vi que os militares haviam bloqueado a rua. A movimentação nervosa dos camuflados jipes e tanques verdes me fez imaginar que algum figurão estava sendo procurado e seria preso de uma hora para outra. Em nenhum instante me ocorreu que poderia ser eu mesmo a quem procuravam. Quanta pretensão imaginar tamanho aparato só por causa de um paraíba sem eira nem beira!

Passos pesados e ordens latidas começaram a ecoar no corredor do andar onde eu morava. Talvez eu tivesse algum vizinho de periculosidade notória, pensei. Será que eu sabia a verdade e queria enganar a mim mesmo com esses pensamentos? O fato é que, suando profusamente, trêmulo e encolhido em minha cama, pus-me a rezar, pedindo a Deus que o silêncio retornasse. De repente, com um estrondo, a minha porta foi escancarada e um punhado de soldados armados até os dentes invadiu a peça aos gritos. À frente deles, esbaforido, vinha um coronel grandalhão, que me saudou com uma vigorosa bofetada.

— As armas? As armas? — perguntava-me.

Se tivesse uma simples navalha eu a teria entregado, mas, imberbe ainda, nem gilete eu possuía. Eles começaram então a me dar murros e sopapos, de modo que, de rosto ensanguentado e desfigurado, não pude enxergar quantos soldados reviravam meus pertences, gavetas, malas e todos os locais onde eu poderia estar escondendo o meu arsenal secreto. Ocorreu-me, totalmente fora de hora, que se as autoridades perseguissem criminosos com a truculência e eficácia com que perseguiam educadores, provavelmente não haveria no país um só ladrão ou assassino fora da cadeia.

Com as mãos amarradas — eles não possuíam algemas suficientes para tantos presos —, fui levado aos trancos e barrancos para o quartel do 1º Batalhão da Polícia do Exército, na Tijuca, onde mais tarde funcionaria o abominável DOI-CODI.

Durante os interrogatórios, eles batiam primeiro e perguntavam depois. Batiam muito. Tomei socos e pontapés na cara, no estômago, na cabeça. A primeira coisa que exigiam era que eu lhes desse os endereços das pessoas com quem mantinha contato. Ora, eu não sabia o endereço de ninguém. Eu morava no hotel, havia acabado de chegar à cidade; de quem eu poderia ter endereço? Eu nem conhecia os nomes das ruas do Rio!

A acusação que me faziam, e pela qual eu ganhava renovadas surras pontuadas por xingamentos, era que eu integrava a quadrilha do perigosíssimo comunista Paulo Freire, que jamais tocou num revólver e provavelmente nunca sequer empunhou um bodoque contra um passarinho. Noutra ocasião eu teria dado risada.

Apanhei tanto, levei tanta coronhada de fuzil na cabeça, que isso me deixou sequelas permanentes. Perdi a convergência na minha visão, e até hoje, sem óculos, enxergo tudo em dobro.

Por duas vezes fui arrastado até o pátio para ser fuzilado. Os fuzis eram apontados e disparados contra mim, mas com balas de pólvora seca, que não causavam ferimentos maiores, embora dessem a impressão de projéteis de verdade. Eu achava que estava com o corpo todo crivado de balas, esburacado e ensanguentado, porém a coisa não passara de uma sádica simulação. Uma tortura psicológica mais cruel que as torturas físicas.

E o meu calvário mal havia começado.

Do quartel fui transferido para o DOPS, na rua da Relação, centro do Rio. Nesse órgão continuei a ser interrogado e a sofrer as mesmas torturas que no Batalhão, porém com o sinistro acréscimo do pau de arara.

Dependurado e nu, eu era socado, chutado, surrado com varas, e recebia choques elétricos por todo o corpo, inclusive nos testículos, descargas fortíssimas que ora davam a sensação de que eu explodiria, ora faziam com que eu perdesse o domínio das funções fisiológicas, tornando o suplício tão degradante quanto doloroso. Findo o tormento, eu ficava reduzido a uma massa de sangue, suor, bile e vômito, refestelado sobre minha própria urina e fezes, incapaz de enxergar com os olhos inchados e cobertos de sangue coagulado, sem noção do que estava à minha volta, da passagem do tempo, se era dia ou noite, ou quem eu era.

Mas aquilo ainda não era o pior. Eles também me amarravam e me enfiavam um cabo de enxada pelo ânus. De todas as sevícias físicas que padeci, essa foi, além das coronhadas na cabeça, a que deixou sequelas mais graves. Tanto que mais tarde, em Paris, depois que comecei a trabalhar na Unesco e tive meu primeiro plano de saúde, precisei me submeter a uma cirurgia porque tinha volumosos calos resultantes daquela tortura. Foi a primeira vez que sofri uma operação, e isso faz apenas uns quinze anos.

Tão difícil quanto suportar as pancadas, os choques elétricos, os "empalamentos", as humilhações e as torturas psicológicas, era tolerar a separação do Mestre a quem eu amava como a um pai. Enquanto eu pagava por não ter ouvido o conselho dele, Paulo Freire era enviado pelos bolivianos à cidade de La Paz e, logo depois, se mudaria para o Chile do presidente Eduardo Frei, onde ficaria por algum tempo.

Lá Sou Amigo do Rei

Nosso reencontro só aconteceria muitos anos depois, em Genebra, na Suíça, quando ele seria acolhido e contratado como consultor pelo Conselho Mundial das Igrejas, pouco antes do golpe militar no Chile, em 73. À época seu trabalho ganharia maior dimensão planetária e, reunindo companheiros também exilados, ele fundaria o Instituto de Ação Cultural (IDAC), cujo objetivo era prestar serviços educativos aos países do Terceiro Mundo. Sua contratação por uma entidade cristã daquela envergadura e notoriedade foi uma bofetada na cara dos governantes do Brasil, que insistiam na cretinice sem fundamento de que ele era um líder comunista de alta periculosidade.

No DOPS eu estava com quarenta pessoas numa cela onde cabiam quinze. Eram todos presos políticos. Fazíamos turno para dormir, pois não havia espaço no chão para todos se deitarem ao mesmo tempo. A organização na cela era muito rígida, com líderes, regras e tudo mais.

Havia ainda outra tortura que me infligiram desde a minha chegada ao Departamento de Ordem Política e Social. Um coronel me mandava todos os dias pegar uma máquina de escrever antiga, pesadíssima, e levá-la do térreo até o quarto andar; quando eu chegava lá em cima, diziam-me para levá-la de volta. Já não havia interrogatórios, surras ou pau de arara; a tortura era essa, subir e descer com a máquina quatro andares de escada. Isso não provocava ferimentos que pudessem ser detectadas pelas comissões de direitos humanos, assim como as demais torturas; pois se os milicos não sabiam mais nada, causar tormentos sem deixar marcas visíveis de agressão era uma especialidade desses gorilas. Todos os dias, às cinco da manhã, eu era acordado para levar a máquina escada acima, sem propósito algum além de me torturar e exaurir, como um Sísifo pernambucano. O grau de sadismo dessa gente era inacreditável.

Depois de meses fazendo isso todo santo dia, o coronel me chamou e falou o seguinte:

— Minha mulher e eu conversamos em casa sobre a sua situação, e eu resolvi que vou tirar você dessa.

Ele explicou que o pessoal da minha cela estava prestes a ser transferido para o presídio da Ilha Grande, aonde quase todos que iam, segundo se sabia, eram assassinados.

— Mas eu arrumei um jeito de você não precisar ir.

Na época eu estava vomitando muito sangue, pois tinha algumas costelas fraturadas. Assim, eu precisava de tratamento médico. Seria esse o pretexto dele para me separar dos demais presos.

O coronel acrescentou:

— Amanhã de manhã, quando o caminhão encostar na porta do DOPS, na hora que você estiver na fila para entrar nele, eu vou te fazer sinal para você sair. Mas não conta pra ninguém! Você sabe muito bem como são esses teus colegas terroristas...

Voltei para a cela com um dilema: conto ou não conto sobre a proposta do coronel? Fiquei o dia inteiro nessa dúvida. Afinal, eu tinha amigos ali, que estavam no mesmo barco que eu. No fim do dia, resolvi contar. Alguns dos meus companheiros de cela me disseram: "Não faça isso, Carlos! O coronel quer te matar; se você sair da fila, vão pensar que você está tentando fugir e vão te meter bala!" Já outros diziam: "Aproveita, cai fora, o coronel está sensibilizado, é a sua chance!"

Passei a noite em claro escutando advertências contraditórias, sem ideia do que fazer. Talvez a Ilha Grande fosse morte certa, mas ao menos eu estaria com alguns companheiros, não morreria sozinho. Se eu fizesse o jogo do coronel e ele me matasse, eu morreria abandonado, num beco qualquer, como um vira-lata. Eu já havia feito a escolha errada na embaixada da Bolívia. E agora? Seria um pouco mais inteligente?

Às 4 horas da manhã chegou o caminhão e o coronel berrou para a minha cela: "Todo mundo fazendo fila!" Obedeci e me enfileirei junto com os demais, todos se dirigindo para o bojo daquele veículo feito carneiros rumo ao matadouro. Meu olhar cruzou com o do coronel, que fez sinal como se dissesse: "Tudo bem? Estamos combinados, não estamos?" Não seria ele uma morte tão certa quanto a Ilha Grande? Era um sádico que me torturava há meses; por que eu deveria confiar nele?

Optei por cair fora. A fila andou e, a um aceno dele, saí. Todos os guardas se voltaram para mim, metralhadoras em punho. Então o coronel se aproximou, como se me protegesse, fazendo aos colegas e subordinados gestos de quem queria dizer: "Este aqui é assunto meu". E me empurrou por um corredor escuro.

Cambaleei uns cinquenta metros, esperando a qualquer momento o tiro na cabeça e desejando apenas que fosse indolor. Que me matassem como quisessem, contanto que eu não sentisse mais dor.

Alguém abriu uma porta à minha frente, que dava para um pátio. "Vão me executar ao ar livre, tanto melhor", pensei. Do lado de fora havia uma Kombi, e dentro da Kombi um padre, que saiu do veículo, me segurou e me jogou para dentro dele. Era o padre Lopes, da Igreja Nossa Senhora da Glória, no Largo do Machado. Partimos, e ele me levou até um lugar onde havia um casal idoso aguardando; puseram-me no chão de outro carro e fomos embora.

Essa viagem foi para Teresópolis. Durante o percurso a mulher do sujeito, que era médico, me dizia:
— Você tem que deixar de ser terrorista, de ser subversivo! Um garoto tão novo, bonito... Por que você faz isso?!

Fui levado para uma casa em Teresópolis, onde fiquei por uns dias. Até hoje não sei que casa era essa, nem quem era esse pessoal. Muita gente se mobilizava para auxiliar os perseguidos pela ditadura, correndo graves riscos, santos e heróis anônimos a quem centenas, quiçá milhares, devem suas vidas.

Devido ao meu estado lastimável, esse casal me internou, por uma ou duas semanas, no Hospital São João Batista, e de lá fui encaminhado para os Costa Ribeiro, uma família de cientistas que morava numa belíssima casa no Leblon. Joaquim da Costa Ribeiro, falecido poucos anos antes, fora um dos mais importantes físicos do Brasil, descobridor do efeito termodielétrico, também conhecido como Efeito Costa Ribeiro.

Sua filha Jane era noiva do jovem compositor Sidney Miller, autor do popular sucesso inspirado em cantiga de roda "O circo", que começa assim:

Vai, vai, vai começar a brincadeira
Tem charanga tocando a noite inteira
Vem, vem, vem ver o circo de verdade
Tem, tem, tem picadeiro e qualidade

Eu vivia escondido no sótão dessa casa, não podia descer nem para tomar café, todo cuidado era pouco, pois eu era um foragido da "justiça" e a polícia andava à minha procura. Porém, como eu também não podia ficar 24 horas por dia enclausurado, os meus novos amigos montavam esquemas elaborados para que eu pudesse ver o mundo lá fora. Nos fins de semana eles me escondiam num carro, cobriam-me com um lençol e me levavam para passear no Alto da Boa Vista, na Floresta da Tijuca e adjacências, onde então me tiravam o lençol de cima para que eu desfrutasse da sensação de liberdade por algumas horas.

Aos poucos eu saía da toca. Além da minha própria segurança, outra coisa me afligia: na prisão eu soubera de alguns companheiros que estavam em listas para também serem caçados e detidos, de modo que precisava reencontrá-los e alertá-los do perigo que corriam. Para essa tarefa recorri à querida e generosa amiga, Rose Marie Muraro, que me acolheu na sua casa, também no Leblon, e me encaminhou ao mosteiro dos dominicanos, onde eu poderia me refugiar. Era importante que eu mudasse de esconderijo constantemente, para diminuir as chances de o meu rastro ser encontrado. Às vezes os militares libertavam algum preso com o propósito de segui-lo e poder capturar seus amigos. Teria sido por essa razão que o coronel me ajudara a fugir? Eu não podia correr riscos.

Foi Rose Marie que me apresentou a frei Lucas Moreira Neves, primo de Tancredo e monge naquele velho convento no bairro do Leme, no sopé do Morro do Chapéu Mangueira, à época uma favela pacata e sem os bandidos que hoje lhe trazem notoriedade. Conservador e muito receoso de se envolver com perseguidos políticos, porém demasiado generoso e cristão para negar-lhes ajuda, o bom frade me dizia cada vez que eu aparecia por lá:

— Espero que seja a última vez que serei obrigado a transformar nosso mosteiro em esconderijo de subversivos.

— Prometo, frei Lucas, prometo! — era sempre minha resposta na ponta da língua, antes de me enfurnar nos labirintos daquele sagrado casario de orações. Algumas vezes ele me deu santuário no convento da Urca, na rua Ribeiro da Costa (e não Costa Ribeiro).

Um dos primeiros a me dar guarida nos anos de chumbo pós-golpe foi o meu querido amigo Sérgio Cabral. Nas redações da extinta TV RIO e d'*O Globo* ele me acolheu e pacientemente me ensinou o caminho das pedras da imprensa carioca. Numa conversa recente com o seu filho, hoje governador do Rio de Janeiro, que me convidou para almoçar no imponente Palácio das Laranjeiras, este me perguntou se já não nos conhecíamos.

— Governador — respondi —, acho que o senhor não deve se lembrar, pois quando o seu pai me acolheu em sua casa, o senhor havia acabado de sair do conforto da barriga de dona Magaly, sua mãe.

Outra família que me acolheu foi a dos Quintiliano, em seu apartamento nas Laranjeiras. Eu havia conhecido a doce alagoana Tânia (e me apaixonado por ela) no Programa Nacional de Alfabetização, recém-chegado ao Rio, e em seguida me tornara amigo do seu irmão, Túlio, como eu também preso e torturado. Militante trotskista, ele seria assassinado anos depois, no seu exílio no Chile, um dia após o golpe do general Pinochet. Seu pai, Ailton, dirigente do PCB, tratou-me como um pai e assegurou minha sobrevivência por algum tempo. O carinho e a dedicação dessa gente foram os maiores encorajamentos que recebi naquele período negro.

Cansado de viver fugindo e me escondendo da polícia, além de colocar em risco a vida de pessoas queridas, como Jane, Sidney, frei Lucas, Rose e Sérgio Cabral, resolvi me mudar para São Paulo, onde eu acreditava poder me diluir com mais facilidade na multidão, longe do olhar de rapina dos meus algozes, ou "arredado do arrocho de autoridade", consoante Guimarães Rosa.

Com identidade trocada e o nome falso de Jerônimo d'Ávila, além de um visual novo com características mais acentuadas de retirante nordestino recém-chegado a "Sunpaulo", consegui me orientar pela selva de concreto com o auxílio de amigos, especialmente um mineiro atencioso chamado Wanderley Diniz, que me ajudava a procurar emprego.

Como se isso já não fosse coisa fácil em condições normais, o meu estado de degradação psicológica praticamente inviabilizava tais esforços. Pois embora os ferimentos e fraturas que recebera nas masmorras do autoritarismo estivessem aos poucos cicatrizando, eu tinha a mente e os nervos em frangalhos devido ao encarceramento e às torturas. Eu sofria ataques de pânico toda vez que escutava uma sirene de polícia, dormia mal e minhas poucas horas de sono eram assombradas por pesadelos horripilantes. Temia minha própria sombra e me sentia constantemente vigiado e perseguido, como se cada esquina ocultasse um meganha prestes a me chutar de volta para a carceragem.

Meus companheiros mais abastados de esquerda resolveram então procurar tratamento de urgência para mim, e conseguiram duas sessões por semana numa terapia de grupo com ninguém menos que o célebre psiquiatra Paulo Gaudêncio. Desse grupo, aliás, eu era o único paciente pobre: todos os demais chegavam ao consultório dele nos Jardins em reluzentes carrões dirigidos por motoristas, enquanto eu chegava de ônibus.

Infelizmente a experiência não duraria muito, pois se nas primeiras sessões todos falavam e compartilhavam seus problemas, aos poucos fui me tornando a estrela do grupo, já que ninguém lá havia passado pelo que eu passei. Todos só queriam saber de mim, com uma curiosidade quase mórbida. Os torturadores haviam-me arrancado unhas e dentes? Quanto doía uma porrada? O que era um pau de arara? Qual a sensação de ter um cabo de enxada introduzido no cu? Vendo que aquilo não estava me ajudando muito, a não ser como exercício de exibicionismo, agradeci encarecidamente ao Gaudêncio por sua generosidade e deixei o grupo.

Enquanto eu não arrumava emprego, morava numa modesta pensão no bairro de Perdizes, bem perto do mosteiro dos dominicanos, onde fazia minhas refeições diárias, reencontrava amigos como frei Betto, o meu conterrâneo frei Maurício, e conhecia outros, como frei Tito de Alencar, que tinha a mesma idade que o Betto e eu. A trágica história desse dominicano, ligado ao guerrilheiro Carlos Mariguela, preso e torturado no DOPS de São Paulo com requintes de selvageria pelo bestial delegado Fleury, teria fim com seu suicídio na França, em 1974, aos 28 anos de idade.

Finalmente arrumei um improvável trabalho como auxiliar de enfermagem no Hospital das Clínicas. Envergando um jaleco branco bem engomado, eu passava noites e madrugadas no pronto-socorro lavando as ensanguentadas vítimas de acidentes ou de tentativas de assassinato antes que fossem encaminhadas aos centros cirúrgicos. Durante três meses exerci esse mister no qual não tinha o menor preparo nem experiência, talvez piorando o estado de alguns pobres estropiados por conta de minha inabilidade.

Quem livrou os pacientes acidentados das minhas mãos desajeitadas e desprovidas de toque medicinal foi, de novo, a aguerrida intelectual Rose Marie Muraro, que graças a seu excelente trânsito junto aos franciscanos da Editora Vozes, com sede em

Petrópolis, onde ela trabalhava, conseguiu duas vagas de trabalho num organismo recém-instalado no Brasil, o CENFI, Centro de Formação Intercultural, uma para mim e outra para uma jovem bonita e determinada, a doce Lulu Librandi, hoje produtora cultural bem-sucedida e ex-diretora da Funarte. Fui empregado como faz-tudo (minha especialidade), inclusive como motorista, embora eu não dirigisse, como não dirijo até hoje. Já a Lulu, administradora nata, teria um *status* diferenciado.

Nosso novo patrão foi um pedagogo jesuíta de reputação mundial, tão competente quanto excêntrico, monsenhor Ivan Illich, de origem iugoslava, porém residente em Cuernavaca. Ele havia desembarcado no Brasil naquele conturbado período, sob os auspícios da CNBB e da Ação Popular, sem falar nas suas relações excepcionais com dom Hélder Câmara. A experiência foi válida especialmente porque me permitiu conhecer frei Leonardo Boff, um dos personagens que mais me impressionaram na vida.

Uma vez demitido do meu emprego de motorista após quase provocar um acidente fatal, a família do Arraes conseguiu para mim — como eu já havia trabalhado em jornal —, um lugar no *Diário Carioca*, periódico muito importante do Rio de Janeiro, onde voltei a morar em 65. O *Diário* estava sendo então dirigido pelo Josimar Moreira, o mesmo que coordenara o Última Hora em Pernambuco, e que, pouco depois de minha chegada à redação, morreu atropelado em frente ao jornal. O DC era um grande formador de opiniões, e foi lá onde conheci o mestre Sebastião Nery, um de nossos maiores jornalistas vivos.

Se eu achava que os milicos haviam largado do meu pé, estava muito enganado. Naquele mesmo ano, quando os Estados Unidos invadiram a República Dominicana, o governo militar brasileiro, pau-mandado do Tio Sam — de quem, aliás, recebera auxílio para tomar o poder —, enviou tropas para Santo Domingo. O jornal resolveu me enviar como correspondente para fazer a cobertura no país (os dominicanos me apareciam até na sopa!), e quando eu já estava de malas prontas para embarcar na minha primeira viagem ao estrangeiro, chegou um comunicado do SNI vetando o meu nome, por causa do meu passado subversivo. A primeira interdição oficial ao exercício da nossa profissão a gente nunca esquece.

Como prêmio de consolação, fui enviado para fazer uma reportagem com o primeiro presidente da República do regime militar, que não era outro senão o meu antigo "irmão paroquiano", marechal Castelo Branco. A entrevista foi no Palácio Laranjeiras, então usado como sede presidencial.

Mais feio que nunca, o batráquio me reconheceu logo que me viu.

— Você aqui? — perguntou.

— E vivo, marechal.

"Apesar de você", gostaria de ter acrescentado, mas a canção do Chico Buarque só surgiria quatro anos depois, quando a ditadura conseguiu ficar pior.

3

Revólveres de sabão e anjos hindus

Por sua oposição ferrenha ao regime militar, o *Diário Carioca*, fundado em 1928, acabou fechando, em consequência da pressão da ditadura para que o jornal não recebesse verbas publicitárias. Mais um excelente e tradicional veículo de informação arruinado por um governo totalitário.

Trabalhei por pouco tempo em outro periódico carioca, *O Jornal*, dos Diários Associados, e em seguida fui convidado pela revista *Manchete* a integrar os seus quadros. Teve início então o meu "período Manchete", que foi de 65 a 70, com direito a sobrevida em Paris anos depois.

Já observei que nessa revista tão prestigiada contei com os melhores revisores e copidesques para transformar meus escritos sofríveis em algo vagamente coerente e legível. Nem todos eram motivo de orgulho para mim, como o poeta Ledo Ivo, colaboracionista da ditadura e apelidado "Dedo Ivo" por ter, segundo o ex-ministro Eduardo Portella, organizado listas de denúncias contra intelectuais em 64. (Recentemente convidado pelo escritor Antônio Olympio para o famoso chá na Academia Brasileira de Letras, reencontrei Ivo afável e acolhedor, constatando que o diabo não era tão feio quanto Portella o pintava.)

Outro colega de redação que recordo com saudade é o ex-senador Mário Martins, homem de bem, pai do ex--ministro Franklin Martins e um dos seres mais ternos e íntegros que já conheci.

Na revista, entre afagos e desavenças, ícones do jornalismo brasileiro me ensinaram segredos da profissão, como o genial e irascível Nelson Rodrigues e seus conselhos recheados de esporros, ou Ibrahim Sued, com quem eu tinha brigas pra lá de irreverentes. Mas a revolta me dominava sobretudo quando Justino Martins, o diretor da revista, assinava minhas melhores matérias com o nome dele.

O mais impaciente com minha má redação era o imortal baiano Raimundo Magalhães Jr., que costumava dizer:

— O bom redator é aquele que sabe reduzir a Bíblia a duas páginas.

Achei um tema bem mais interessante que a Bíblia em dois movimentos musicais incipientes: o Tropicalismo (Caetano, Gil, Torquato Neto, Capinam) e a Jovem Guarda (Roberto, Erasmo, Wanderléa, Carlos Imperial, etc.), aos quais dediquei reportagens e artigos publicados semanalmente, repletos de elogios rasgados aos novos ritmos que arrebatavam multidões, em contraposição às críticas do colunista Stanislaw Ponte Preta, que detestava igualmente a bossa nova. Os ataques de tão insigne personagem às minhas matérias e a mim ("aquele imbecil do Carlos Marques", como ele dizia) davam-me certa notoriedade, ainda que não muito positiva.

O Período Manchete coincidiu com outro igualmente importante na minha vida, o do inesquecível Solar da Fossa. Era um velho casarão colonial de dois andares, cerca de oitenta quartos com vista para uma encosta ou para os pátios internos, e aluguel em conta, reduto célebre de jovens artistas, intelectuais, boêmios e alternativos, em geral recém-chegados ao Rio de Janeiro. Ficava na avenida Lauro Sodré, no Botafogo, onde fui morar em 66, por indicação da cantora baiana Telma Soares, sublime intérprete de Cartola.

"Nenhum outro endereço no Rio, em qualquer época, concentrou tanta gente que, um dia, atuaria de forma tão decisiva na cultura", avaliou o fabuloso Ruy Castro, colega de redação com quem dividi apartamento por um tempo, especialista em Guimarães Rosa, dono de um talento literário que sempre admirei e de uma pinta de galã que sempre invejei.

O cenógrafo e carnavalesco salgueirense Fernando Pamplona observou que não éramos *hippies* ali, e sim desgarrados. O próprio nome pelo qual o Solar ficou célebre foi dado por ele quando veio morar no apartamento vizinho ao meu, por ter sido expulso de casa pela mulher e estar, portanto, "na fossa". Mas a despeito do nome, a vida era boa lá, e a atividade artístico--cultural efervescente.

Entre os meus vizinhos que despontavam para o estrelato encontravam-se ninguém menos que Caetano Veloso, Gilberto Gil e a sossegada Maria da Graça Costa Penna Burgos, Gracinha para nós. Foi Guilherme Araújo, empresário de Caetano, que cunhou o nome artístico pelo qual o mundo a conhece, Gal Costa, e até hoje não se sabe ao certo se "Gal" foi uma forma de Guilherme zombar dos generais ou se era sigla para "Guilherme Araújo Ltda".

Ali moravam também, e ensaiavam e tocavam, diariamente, os integrantes do MPB4, indispensável nas aparições públicas de Chico Buarque, bem como Paulinho da Viola, o poeta Abel Silva, Rogério Duarte, artista gráfico de importância histórica no movimento tropicalista, e Cleber Santos, filho de general e militante de esquerda, portanto um espinho duplamente doído na carne dos milicos. Cleber era dono do Teatro Jovem, palco obrigatório para todos esses inovadores da música popular, e onde encenaria obras teatrais que marcariam época e incomodariam os donos do poder. Graças a ele o espetáculo *Rosa de Ouro* revelaria a musa negra Clementina de Jesus, o jovem Paulinho da Viola, Elton Medeiros e tantos outros.

Foi numa peça lá, *O chão dos penitentes*, que minha musa secreta e senhora das minhas fantasias, a estonteante atriz Maria Gladys, exibiu seus belos seios. Era também vizinha no Solar, mas nunca me deu bola, embora eu fosse gamado nela. As atrizes Ítala Nandi, Tânia Scher e Darlene Glória igualmente faziam parte do elenco feminino da pensão.

O desembarque, na casa, dos integrantes do Teatro Oficina, tendo à frente o polêmico José Celso Martinez Correia e sua trupe composta de nomes como Fernando Peixoto, Míriam Mehler, Armando Bogus e outros, causou alvoroço. Desdenhoso, Carlos Imperial gostava de cutucá-los:

— Cuidado, o pessoal do SNI está de olho em vocês.

Estava mesmo: com a chegada deles o Solar passou a ser ainda mais vigiado, e até hoje me pergunto se o Imperial não foi responsável por essa investida da repressão.

Como disse Roberto Talma: "No Solar da Fossa — onde havia um grande elenco de mulheres bonitas — se você não tivesse alguma literatura, um pensamento filosófico atualizado,

uma conversa definida sobre arte, você não comia ninguém".
Ser jornalista da *Manchete* e publicar reportagens sobre a Jovem Guarda e a Tropicália me recomendava junto às garotas. Namorei muito no Solar, e embora eu fosse um tipo franzino e sem nada do garanhão típico, usava como combustível para a minha intensa vida amorosa um afrodisíaco bastante consumido por lá, espécie de coquetel-vitamina à base de cerveja Caracu e ovos com cascas. Era tiro e queda, o Viagra da época.

A receita me fora passada pelo amigo Afonsinho, médico e famoso jogador de futebol, ídolo do Botafogo, espécie de Sócrates daqueles tempos, cotado e convocado para a seleção brasileira, mas infelizmente vetado pela ditadura que o perseguia.

Até alguns vizinhos de fora do Solar eram notáveis. Ao lado do casarão, do outro lado da rua, ficava o Hospital Psiquiátrico Pinel. Um dos internos pulou o muro e me abordou uma vez, na varanda, enquanto eu lia o jornal. "Preciso lhe dizer algo muito importante!", falou com a maior urgência. Era sobre o Batatismo. Segundo ele, o comunismo não resolveria o problema do Brasil, mas as batatas salvariam o mundo.

— Um dia as pessoas vão se dar conta da importância das batatas!

Depois de escutar calado durante horas o seu discurso disparatado — quem é louco de contrariar um louco? —, prometi ao novo Quincas Borba que tomaria providências para ajudá-lo na sua campanha de conscientização sobre as batatas. Hoje me ocorre que aquele doido tinha alguma razão. Da mesma forma que o arroz salvou os vietcongues na guerra contra os EUA, o principal alimento a restabelecer uma Europa semidestruída pela Segunda Guerra Mundial foi a batata. Como em Hamlet, havia método na sua loucura.

Uma das poucas mágoas que guardo da minha estada no Solar — além da namorada que o Paulo César Pereio me roubou — foi ter pisado na bola com a minha querida amiga Gal Costa.

Assim que começou a fazer sucesso, Gracinha quis me agradecer pela acolhida que recebera de mim quando de sua chegada da Bahia, e entregou-me os originais de um livro de memórias de sua mãe, dona Mariah Anunciação da Costa Ferreira Sanches Bordalo Galante Penna, para que eu o reescrevesse — logo eu, saco de pancada dos copidesques! —, inclusive adiantando-me dinheiro para o serviço. E esta anta jaboatanense, que então fumava meio quilo de maconha por dia, o que faz? Perde os originais! Nunca mais ela me dirigiu a palavra, embora sua divina e doce voz, nos rádios, vitrolas e TV, tenha me confortado de muitas dores ao longo de quatro décadas.

Em 67, criei na *Manchete* uma série de reportagens intitulada "As grandes rivalidades", a primeira das quais dedicada a uma suposta animosidade entre as cantoras Elis Regina e Nara Leão, mencionada inclusive na biografia de Nara, escrita pelo meu amigo Sérgio Cabral. Na edição nº 791, de 17 de junho, escrevi o seguinte:

> Nara Leão e Elis Regina são inimigas irreconciliáveis, como têm insinuado os jornais? A verdade pôde ser apurada há alguns dias, no estúdio de *Manchete*, onde as duas cantoras deveriam posar para algumas fotografias, ao lado de Chico Buarque de Holanda e Gilberto Gil. Por ironia, os dois compositores não puderam comparecer. Elis e Nara ficaram frente a frente, diante da câmera e da expectativa do fotógrafo. A primeira, gauchinha, ficou séria e calada. A segunda, mais carioca do que capixaba, risonha e tranquila,

abriu o jogo: "Como é? Estão dizendo por aí que não podemos posar juntas. Podemos ou não?" Elis Regina não respondeu, mas concordou em permanecer no estúdio. Entretanto, à medida que o fotógrafo solicitava poses e os *flashes* explodiam, Elis começou a ficar nervosa. De repente, irritada, abandonou tudo. Ao fotógrafo que tentava contornar a situação, ela desabafou com uma explicação sumária: "Vou embora porque não gosto de Nara".

Tudo isso, devo confessar, era pura invenção: Nara e Elis nunca foram inimigas nem rivais. Ronaldo Bôscoli, marido de ambas (não ao mesmo tempo, bem entendido), ficou justificadamente furioso comigo por causa dessa matéria.

Muita gente ficava furiosa comigo. Um dos que pediram minha cabeça foi ninguém menos que Juscelino Kubitschek, logo ele, o mais democrático dos presidentes, que nunca perseguiu ninguém. E tudo por causa da minha reportagem, publicada em setembro de 68, sobre o famoso médium Zé Arigó.

JK, muito amigo do meu chefe Adolpho Bloch, sugeriu que a *Manchete* fizesse uma matéria sobre Arigó. O ex-presidente apreciava muito o médium, que havia curado a sua filha de cálculos renais, e inclusive tirou-o da cadeia, onde Arigó cumpria pena de quinze meses de prisão por prática de curandeirismo.

A revista me mandou a Congonhas, à rua Marechal Floriano, endereço da clínica dele. De cara fiquei estarrecido com as filas de ônibus cheios de gente da América Latina inteira para se consultar com o médium. Eram milhares e milhares de pessoas. Foram criadas linhas de ônibus de Buenos Aires e Santiago do Chile até Congonhas, só para as multidões que recorriam aos poderes curativos do paranormal.

Arigó me recebeu bem e permitiu que eu assistisse às cirurgias espiritualistas que ele realizava. Durante as manhãs eu ficava ao seu lado, vendo-o meter facas imundas nos olhos ou no escroto dos pacientes, extraindo-lhes tumores sem nenhuma assepsia, um verdadeiro circo de horrores. Os diagnósticos dele eram instantâneos: ele olhava para a pessoa na fila e dizia: "é câncer" ou "é tuberculose", etc.

Ele não cobrava nada, mas fornecia a todos uma receita cujos medicamentos tinham de ser comprados na farmácia local, que pertencia a ele, assim como o hotel em que os pacientes se hospedavam e os quiosques onde compravam provisões, um comércio habilmente administrado. Ou seja, a propalada gratuidade do seu tratamento mediúnico não existia de fato.

Nos dias em que fiquei lá, pude visitar as terras dele, e soube que Zé Arigó era um dos principais exportadores das conhecidas rosas de Congonhas e Barbacena, muito apreciadas na Holanda.

Intitulada "O milionário Zé Arigó", minha matéria despertou a ira do médium, que se queixou ao Juscelino, que deu uma bronca no Adolpho Bloch, que me desancou por eu não ter feito uma matéria sobre um santo e sim sobre um astuto homem de negócios.

— Mandei você lá para enaltecer o homem, não para esculhambá-lo!

Por pouco não fui demitido.

Certa vez, pautado para fazer uma matéria sobre o verão carioca com ênfase nos esforços e competência dos salva-vidas, eu passeava pelas areias da praia de Copacabana em companhia do fotógrafo Jader Neves, quando avistei uma jovem e belíssima morena, de corpo escultural e biquíni sumário, lagarteando sob o sol.

— Menina — abordei-a —, estou fazendo uma reportagem para a revista *Manchete* e preciso de uma "bela afogada" sendo salva por esse garboso salva-vidas. Você topa se afogar de mentirinha?

Ela o fez alegremente, com rara competência, e por pouco não foi alçada à condição de musa da temporada. Essa garota é hoje uma celebridade: Scarlet Moon de Chevalier, esposa de Lulu Santos.

É impossível falar da *Manchete* sem falar de misses. Os concursos de miss eram da maior importância, todos os anos eram lançadas diversas edições cheias de fotos de misses e candidatas a miss, na capa e no miolo. Eu costumava cobrir essas matérias, tarefa que desempenhava com muito gosto, até a tragédia enfiar a cara feia no que sempre foi para mim um espetáculo de beleza.

Refiro-me ao célebre e chocante caso da miss que se suicidou em junho de 67, jogando-se do décimo andar de seu apartamento, em Copacabana. Chamava-se Vanda Hingel, uma morena de 21 anos, 1,75 m e olhos azuis. Além de linda, era inteligente, culta, falava quatro idiomas e trabalhava como professora numa escola do subúrbio "porque lá eles precisam mais". E era sentimental. Excessivamente sentimental. A dissolução, em janeiro, de seu noivado com um estudante de medicina abalara-a profundamente. Tinha vencido o concurso de Miss Olaria e, por ser a candidata favorita ao título de Miss Guanabara, foi escolhida para a capa da primeira edição da *Manchete* em julho. Assim, comecei a frequentar-lhe a casa na qualidade de repórter.

No dia em que o fotógrafo Gil Pinheiro bateu a foto dela para a capa, conversamos um pouco depois e ela me pareceu profundamente depressiva. Foi a última vez que a vi.

Na manhã seguinte, uma sexta-feira, Vanda tomou café com os pais como noutro dia qualquer, sem nada aparentar de anormal. Terminado o desjejum, o pai saiu; Vanda colocou em sua pequena vitrola um disco do cantor italiano Tony Renis e pôs-se a ouvir a nostálgica canção "Mi perderai". Às 9h15 o telefone tocou e a mãe foi atender. Enquanto falava escutou um barulho, foi procurar a filha e viu-a, pela janela, estatelada no pátio lá embaixo, ensanguentada e de *baby-doll* branco.

São da lavra de Vanda estes versos proféticos:

Suba ao ponto mais alto e esquecido do morro
Mesmo que seja um montículo à toa.
Encare de novo a realidade
Sorria pela criança mais miseravelmente mendiga
E verá que sua queda
Foi um tombinho à toa.

Talvez Vanda fosse como Vagn, uma alma boa e gentil demais para este mundo, morta na flor da idade pela própria mão, embora o suicídio de Vagn seja questionado por alguns.

Lembro-me quando Ziraldo, que era de Caratinga como o Ruy Castro, me perguntou se eu não poderia hospedar no meu apartamento, por uns dias (que depois seriam meses), um seu conterrâneo:

— Ele é gente boa, cartunista que nem eu, quer tentar a vida aqui no Rio, e eu quero dar uma força.

Wagner Tadeu Horta, ou Vagn, era um jovem e longilíneo caipira de uma ingenuidade que beirava a inocência. Conheceu a voracidade do Rio de Janeiro logo ao chegar à rodoviária, quando lhe roubaram as malas. Depois, pegando um táxi, indicou o endereço do Solar no Botafogo. No meio do caminho, viu que o taxímetro marcava 15 cruzeiros, e, pensando tratar-se de 150, falou, preocupado, ao chofer:

— Moço, está longe ainda? Eu só tenho 150 no bolso...

O safado do motorista respondeu:

— Está pertinho! O senhor me paga os 150 e continua a pé, não é nada longe.

Vagn andou mais de vinte quilômetros e chegou esbaforido ao Solar, agradecido pela generosidade do seu segundo algoz urbano.

Fomos passar seu primeiro domingo carioca no apartamento do Ziraldo, em Copacabana. Vagn, que nunca vira o mar, estava ansioso por seu "batismo marítimo", como dizia, e foi sozinho para a praia. Conversávamos na sala quando Vilma, esposa de Ziraldo, foi até a sacada e exclamou:

— Nossa, quanta gente! Parece que salvaram alguém que estava se afogando...

Quem mais poderia ser?

Ainda com cheiro de viagem, Vagn teve seu primeiro emprego ajudando Ziraldo na criação de um imenso painel numa casa de espetáculos que estava sendo construída na esquina da Lauro Müller, o Canecão. Artista talentosíssimo, publicou impagáveis charges políticas nos jornais *O Sol*, *Correio da Manhã* — onde pontificava o magistral Otto Maria Carpeaux, que o adorava — e *Jornal do Brasil*. Era ainda estudante de sociologia. Cartunista em plena ditadura, dele se dizia que criava humor onde não havia graça nenhuma. Sua sensibilidade era fora do comum. Chegou a adoecer uma vez que Paulo Francis, no *Correio da Manhã*, amassou e jogou fora um desenho seu, dizendo que não prestava.

Nesse jornal Vagn publicou uma charge ridicularizando os militares e foi preso, juntamente com sua linda namorada, de Caratinga também. Durante uma viagem dela, o jovem mineiro havia-lhe escrito:

Vou derramar minhas tintas, quebrar os espelhos, rasgar todos estes livros e sair cantando pela grama do solar: vem. Amanhã mesmo subirei na cabeça do Redentor e gritarei tão alto assim: VEM!

Foram ambos torturados, um na frente do outro. Ver sua garota sendo seviciada foi demais para alguém tão sensível. Quando o soltaram, era outra pessoa. Seu olhar adquiriu a tristeza dos que morrem cedo. Nunca entendeu a razão de tanta violência. Acabou internado numa clínica psiquiátrica no Botafogo, depois no Pinel, onde faleceu em 1970, aos 23 anos. Até hoje não se sabe se a morte foi por suicídio ou por overdose de medicamentos. Pouco importa. Quem o matou foi a ditadura.

Da outra vez que hospedei alguém no meu apartamento quase fui parar no xilindró de novo.

O nome dele era Marcos Lins, irmão de Silvio Lins, intimamente ligado ao governo Miguel Arraes. Marcos havia deixado a AP e se juntado aos comunistas; quando sobreveio o golpe, foi para Cuba fazer treinamento de guerrilha. Ele me procurou para formar um grupo guerrilheiro, composto por mim e por uns nove ou dez amigos meus que haviam participado do PNA e da AP, com a missão de angariar dinheiro para mandar colegas foragidos da prisão para o Chile. Amadorístico ao extremo, esse grupelho não dispunha de fundos, armas, organização,

Meu pai, ao centro

Com Justino Martins, o grande editor da revista "Manchete"

Minha mãe, Dona Tita, e o meu irmão Antônio Carlos, 1968

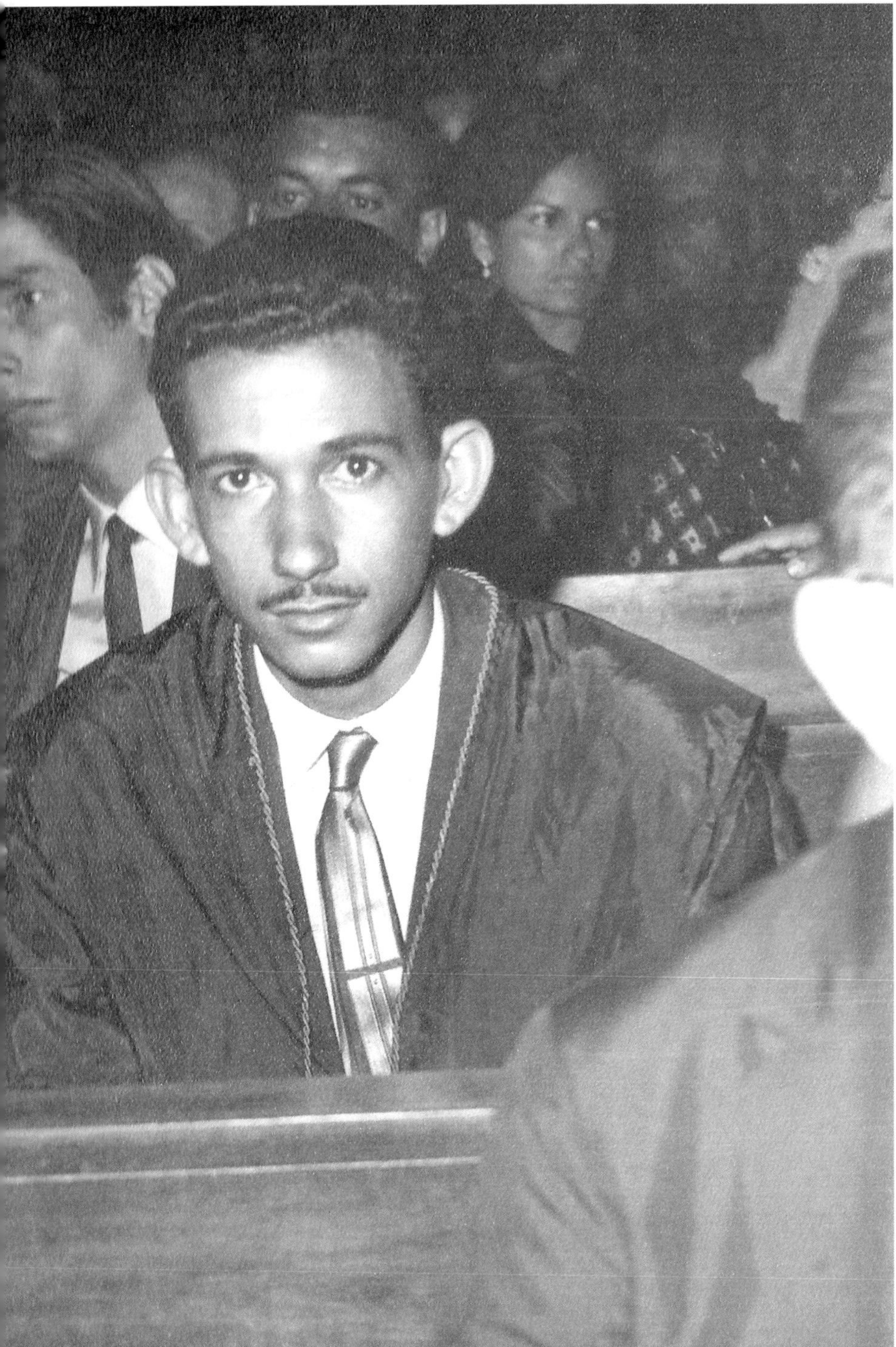

Krishnamurti no Brasil, em 1935, na casa do primeiro sogro, pai de Liana – Rio de Janeiro

Com o meu mentor, Paulo Freire, em Paris

Com Liana no dia do nosso casamento

Com meu amigo, o escritor Stéphane Bourgoin

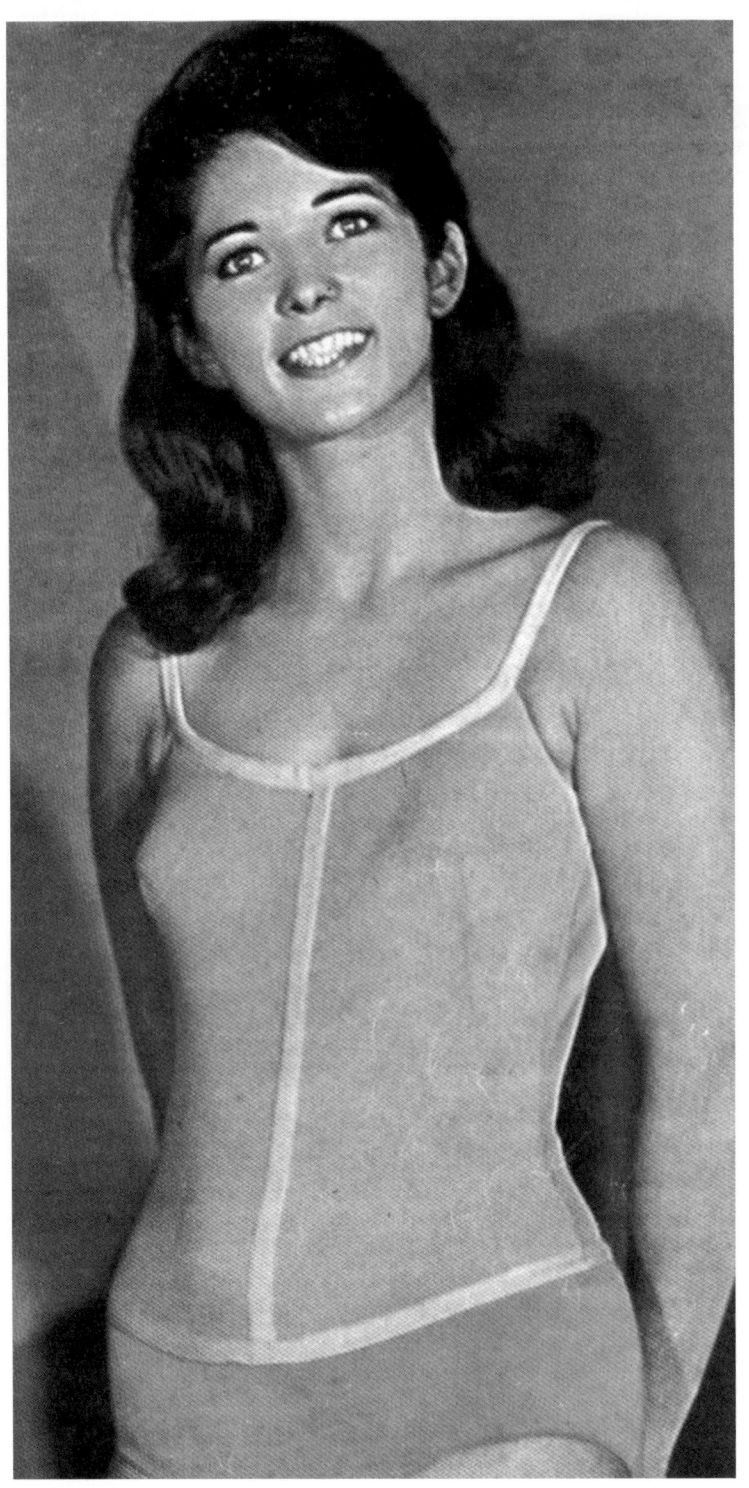

Vanda Hingel, a triste *miss* que se matou

Imitando John Lennon e Yoko Ono, com Liana e Juliana, 1969

No Festival de Cannes

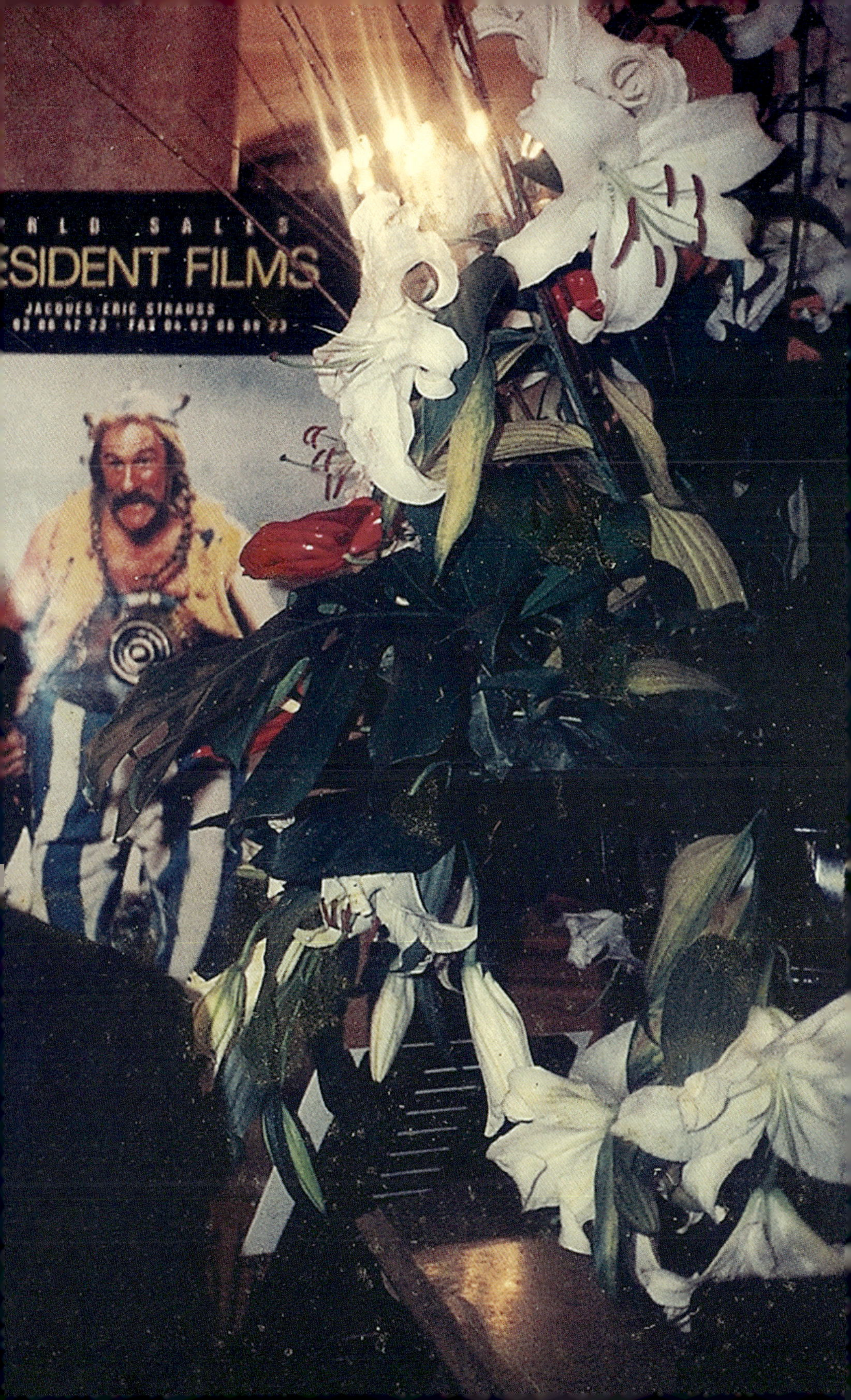
ESIDENT FILMS
JACQUES ERIC STRAUSS

Com minha filha Juliana

Com Claude Béignères

Com Maurice Béjart

Filmando reunião da Unesco

ADG/SHS
ADG/SC
DG/BAO
DIRECTEUR GENERAL
PRESIDENTE
SECRETAIRE
SECRETAIRE ADJOINT
CONSEILLER JURIDIQUE
M. OGOT PRESIDENT CONFERENCE GENERALE

Com Maurice Béjart e Claude Béignères

Com Pérez de Cuellar, secretário-geral da ONU, e Federico Mayor, diretor-geral da Unesco

nem sequer de um nome, tamanha a sua insignificância. Muito cabelo comprido e discernimento curto.

Tentamos assaltar uma agência do Banco Nacional, em Ipanema, usando revólveres feitos de sabão pintado de preto (exatamente como no filme *Um assaltante bem trapalhão*, do Woody Allen), esculpidos por um membro do grupo com pendores artísticos, mas fugimos assim que a segurança foi acionada, carregando só os trocados de um caixa e revólveres derretidos pelo calor carioca.

Mais ridícula ainda foi nossa operação contra um inocente casal de velhinhos na Zona Sul.

Todas as manhãs eles praticavam *cooper* na avenida Atlântica, como podíamos ver de nosso aparelho, um apartamento minúsculo na mesma avenida, usado apenas para nossas perigosíssimas ações terroristas. Como precisávamos de dinheiro urgente, resolvemos assaltar o apartamento dos pobres velhinhos, que pareciam aposentados abastados e, portanto, deviam guardar jóias e dólares em casa, segundo julgávamos. Eu, que era o mentor intelectual do grupo, averiguei e fiz minucioso monitoramento de onde eles moravam, os horários em que saíam e retornavam, etc.

Na manhã planejada fomos à ação. O prédio ficava numa esquina da Galeria Alaska, em Copacabana. Rendemos o porteiro e, quando o casal chegou, subimos com eles para o apartamento. A velhinha morria de medo que o marido sofresse uma parada cardíaca. Eles insistiam que nada tinham e nós insistíamos que só queríamos o dinheiro e não lhes fazer mal.

Nisso entrou pelos fundos um empregado bicha com uma sacola de verduras na mão, e ao ver-nos pôs-se a gritar. Nós o ameaçávamos, mandávamos que se calasse, mas o chilique apenas piorava. No final, nada havia de valor no apartamento e fomos embora.

De noite, o *Jornal Nacional* noticiou o fato, e eis que surge Hilton Gomes com sua voz grave e impostada de radialista: "Esta manhã, um grupo de terroristas fortemente armados invadiu um apartamento em Copacabana..." Pouco depois, aparece o criado *gay* contando como enfrentou os terríveis criminosos.

— Botei os terroristas para correr... no grito! — dizia, espalhafatosamente maquiado e abrindo os braços como um pavão.

Um ano depois, Marcos Lins me procurou de novo, novamente vindo de Cuba, e propôs a criação de um aparelho no Solar. Vinha desta vez com muito dinheiro, para organizar um grupo guerrilheiro de categoria, com armas de verdade. Mas eu não quis. Não acreditava mais na luta armada, fosse com metralhadoras ou sabão. Os milicos estavam fortes demais, e *Vana est sine viribus ira*, como diria papai. Marcos Lins foi-se embora, desiludido.

Três dias depois, na redação, Adolpho Bloch veio me dizer que o SNI sabia que eu dera guarida ao subversivo no Solar e que um coronel, informante da empresa, lhe dissera que eu seria preso.

Fiquei aterrorizado. Adolpho me aconselhou a desaparecer por um tempo e, horas depois, foi me buscar em casa e me levou para a Granja Comary, em Teresópolis, onde ele possuía uma mansão. Fiquei algum tempo lá, como seu hóspede, até a poeira baixar. Apesar dos desentendimentos que tivemos, minha gratidão a Adolpho Bloch é eterna.

Meu segundo envolvimento com uma miss não terminou em morte, apenas em desquite (não existia divórcio no Brasil).

Liana Andrade chegou a segunda colocada no concurso Miss Guanabara de 68, e, como Vanda, foi capa da *Manchete*. Em 11 de junho nos casamos. Para contrabalançar os padrinhos importantes da noiva, que era de família rica — proprietários dos fogos de artifício Adrianino —, os meus padrinhos foram os diretores da *Manchete* Arnaldo Niskier e Justino Martins, o ministro dos Transportes Mário Andreazza, que eu já entrevistara algumas vezes, e a minha querida Rose Marie Muraro. De tão nervoso, cheguei atrasado ao meu próprio casamento, celebrado no convento dos Dominicanos, no Leme. Nossa lua de mel foi em Salvador. Mas o mel logo virou fel. Éramos jovens e tolos demais. Dessa união nasceu Juliana, minha primeira filha.

Seis meses depois ocorria um novo suicídio: o da liberdade brasileira, cujo atestado de óbito foi o execrável AI-5.

No ano seguinte fiz minha matéria de maior repercussão do Período Manchete, a qual contribuiu para a propagação mundial de uma nova religião e teve seus desdobramentos inclusive na música popular brasileira.

Todos os anos eu visitava a Amazônia. Nutria uma paixão nativa pelo lugar e pelas coisas relacionadas a ela. Fui amigo do sertanista Francisco Meireles, pioneiro na aproximação com tribos de índios que nem falavam português. Ele teve um filho chamado Apoena Meireles, assassinado recentemente. Mais tarde, em 75, eu daria o nome de Apoena ao meu primeiro filho homem.

Naquele ano de 69 fui também ao Acre, acompanhado pelo fotógrafo Sebastião Barbosa. Não me lembro exatamente por que esse estado entrou na agenda, creio que foi casual. Ao desembarcarmos em Rio Branco, fiz o mesmo que em todas as capitais onde chegávamos: visitei o delegado, o bispo, o governador, a fim de obter entrevistas e talvez auxílio logístico (transporte, hospedagem, etc.) para fazer as reportagens.

No palácio episcopal perguntei ao bispo italiano dom Giocondo Maria Grotti quais os problemas que ele enfrentava na região. Ele me mostrou uma matéria na página policial sobre uma tribo indígena de adoradores do diabo que realizavam rituais satânicos, nos quais ingeriam uma bebida alucinógena que os transformava em zumbis assassinos. O líder dessa seita demoníaca era um bruxo negro maranhense, rebento do inferno chamado Raimundo Irineu da Serra.

Não é difícil imaginar quão impressionado fiquei com aquela história macabra. Sem pensar duas vezes, falei ao Sebastião que iríamos atrás daquele povo sinistro, inclusive temendo por nossas vidas, pois até onde sabíamos aqueles índios podiam ser canibais.

Embrenhamo-nos na floresta, fazendo o trajeto em jipe, lombo de burro e a pé até Alto Santo, que hoje é um subúrbio de Rio Branco, embora na época fosse praticamente mata virgem.

Chegamos à aldeia, não exatamente indígena. À entrada, num portal de madeira que parecia mais de um edifício em Higienópolis que de uma maloca, estava gravada em letras garrafais a inscrição TATWA. Mais tarde vim a saber que a palavra significa os cinco sentidos, e até dei esse nome à minha produtora, que produziu o filme *Carnaval, o aval da carne*.

Transpondo o portão, vi um casebre, em frente ao qual me aguardava um belo crioulo, imensamente alto e musculoso.

— Mestre Raimundo Irineu? — perguntei, incerto. Mal podia crer que fosse ele, pois segundo a escassa informação que eu pudera reunir a respeito do bruxo, ele era um lavrador, filho de escravos, nascido em 1892. Ou seja, deveria estar então com 77 anos. Acontece que o homenzarrão diante de mim não aparentava mais de 50!

Sem responder, ele me convidou a me sentar à varanda e, ao invés de dizer quem era, falou quem *eu* era, e em que dia nasci, e o que eu fazia. Sabia que eu fora preso, torturado e que tinha uma cicatriz na coxa direita, suvenir da hospitalidade militar. Disse várias outras coisas que só eu poderia saber. Perguntei como ele sabia tudo isso, e a resposta foi enigmática:

— Você foi enviado a nós.

Atordoado, entrei com ele no casebre, em cujo interior chamou-me a atenção uma parede toda recoberta pelos cipós e folhas com que era produzida a *ayahuasca*, decocção que remonta aos incas. Mestre Irineu, como ele preferia ser chamado, mostrou-nos os aposentos em que ficaríamos, o fotógrafo e eu, recomendando que descansássemos, pois à noite estávamos convidados a participar de uma cerimônia.

Era muito semelhante às cerimônias do candomblé, com hinos e danças ao som de maracás, bongôs e atabaques. Não vi índios lá, só pequenos lavradores e gente humilde. O ponto alto da cerimônia, como a comunhão na missa, é a ingestão da *ayahuasca*, ou auasca, o tal chá que, segundo dom Giocondo, enlouquece as pessoas e as transforma em homicidas. Eu disse isso ao mestre Irineu quando ele me entregou o chá. Ele riu, exibindo a poderosa dentição branquíssima, dizendo:

— O bispo não sabe de nada. Isto leva a Deus.

Bebi. O gosto era amargo, mas rapidamente se transformava em algo delicioso na boca. A primeira coisa que me acometeu foi uma percepção aguçada, dos detalhes das minhas mãos, do que acontecia ao meu redor; minha visão tornou-se delirante, mas a sensação, no geral, era boa, muito boa. Senti certa levitação, certo desprendimento de mim mesmo, como se saísse do meu próprio corpo. Não vi anjos hindus, como Caetano, mas fui tomado de uma sensação de paz e plenitude que durou quase a noite inteira.

Que eu saiba, mestre Irineu nunca chamou a bebida, nem a doutrina fundada por ele, de Santo Daime. Esse nome foi cunhado mais tarde pelos intelectuais tropicalistas e divulgado por seguidores famosos, como a atriz Lucélia Santos. Parece derivado do rogativo "Dai-me amor, dai-me firmeza", entoado nos rituais da seita.

Passei três dias lá, e ao me despedir, recebi de mestre Irineu um garrafão de cinco litros cheio de auasca, para que eu o partilhasse com pessoas em busca de iluminação. Eu sabia que nunca mais o veria, e que nunca mais voltaria ao Acre, mas ele fez um prognóstico final, que achei muito improvável:

— Você voltará.

Quando cheguei ao Rio, publiquei a matéria sobre a comunidade, a doutrina, o mestre e a auasca, que obteve grande repercussão nacional. Infelizmente, na redação final ela pareceu endossar os preconceitos de dom Giocondo e dos detratores da seita.

Entreguei a garrafa e o seu conteúdo ao meu amigo tropicalista Gilberto Gil, descrevendo-a como uma beberagem indígena sagrada que produzia visões deslumbrantes e estados de alma elevadíssimos.

O que aconteceu em seguida foi descrito com muita propriedade pelo jornalista Juarez Duarte Bonfim:

Sob efeito do Daime Gilberto Gil sentiu glauberianamente "como se tivesse entendido o sentido último do momento, de nosso sentido como povo, sob a opressão autoritária", e, mesmo sob o medo que então os militares provocavam, sentia que podia "amar, acima do temor e de suas convicções ou inclinações políticas, o mundo em suas manifestações todas, inclusive os militares opressores".

Depois dessa experiência, Gilberto reuniu um grupo de amigos, eu entre eles, no grande apartamento de Caetano, na avenida São Luís, onde ele e a esposa, Dedé, moravam desde que ele começou a fazer sucesso. Nesse imóvel, comprado pelo Guilherme Araújo, Gilberto propôs que fizéssemos uma "viagem" em conjunto. Seguindo a minha recomendação, foi servido a cada um dos presentes pouco mais de meio copo.

Todos beberam, menos Caetano, que relutou, pois outrora seu organismo reagira muito mal a maconha e lança-perfume. Gil convenceu-o, explicando que o auasca não produzia os efeitos colaterais de outras drogas, mas tão-somente uma agudez de percepção que proporcionava experiências sensoriais esteticamente gratificantes.

Convencido, o nosso anfitrião bebeu a auasca.

No seu livro *Verdade tropical*, Caetano — que se refere a mim como "um jovem jornalista carioca chamado Carlos Marques" — dedica mais de cinco páginas à sensação que experimentou naquele momento. Reproduzo aqui só trechos:

> A beberagem espessa e amarelada tinha gosto de vômito, mas não me causou náuseas. Fiquei tranquilo esperando. De fato, nada aconteceu de comparável ao tapa da maconha. Apenas comecei a achar cômica a música do Pink Floyd que Gil pusera no toca-discos. Logo o carpete de náilon do quarto do som apresentou seu modo peculiar de ser: cada tom de cor neutra — palha, areia, gelo, cinza e mil sub-brancos — dizia

de si muitas coisas, fosse sobre a velocidade das vibrações que produziam sua aparência, fosse sobre a tolice dos homens que buscavam fingir beleza, fosse sobre a unicidade do momento em que estávamos nos encarando. Eu me demorava observando os objetos e me maravilhava de quão fundo os podia entender. Sabia tudo sobre aquele pedaço de madeira que aparecia sob o tapete. Captava o sentido das variações de densidade, entendia a história de cada pedaço de matéria.

Uma inquietude pareceu dominar todos, que começaram a se movimentar pelo apartamento, como relembra o Veloso:

Sandra entrava e saía do quarto do som com os olhos duros e o rosto sério. Ela estava assustada. Eu a achava parecida com um índio. Gil estava com lágrimas nos olhos e falava alguma coisa sobre morrer, ter morrido, não sei. Dedé circulava pela sala dizendo que se via a si mesma em outro lugar. Eu fiquei muito feliz de observar que as pessoas eram tão nitidamente elas mesmas. Fechei os olhos. Uns pontos de luz coloridos surgiram no espaço ilimitado da escuridão. Eles se organizavam em formas agradáveis. Eu disse a Gil: "É tão bonitinho! É tudo simétrico!"

As formas começaram a se transformar em pontos luminosos dançantes e aos poucos foram adquirindo aparência humana. "Eram muitos, de ambos os sexos, todos estavam nus e tinham aspecto de indianos."

Não havia nenhuma desvalorização do real cotidiano: eu sabia de mim, dos meus e do mundo — e minha capacidade de amor por tudo isso estava muito aumentada. Apenas eu entrara em contato com um nível de realidade mais funda e mais intensa. E o fato de eu poder amar com mais força o que aí se apresentava contribuía para a intensificação do meu amor pelo mundano comum. Eu me sentia feliz. Mas essa felicidade, embora sentida com arrebatamento, também era vista de longe, como um mero aspecto desse mundo menos real do que aquele dos anjos hindus.

Caetano então declara: "Eu sabia que me aproximava do sentido último de todas as coisas".

Não sei se tive, diante dessa representação da ideia de Deus, o súbito retraimento de quem aprendeu que a face do Criador não pode ser contemplada. O fato é que, num dado momento, considerei que talvez me tivesse deixado ir longe demais. Uma outra possibilidade de interpretação que minha lembrança autoriza é a de que, naquele momento, o efeito do auasca começou a dar mostras de extinguir-se. [...] Um enorme cansaço, combinado com uma enorme excitação, me deixou em estado de desespero. Decidi abrir os olhos e sair do quarto do som, onde estivera quase todo o tempo, e ir para a sala de jantar. Mas a ideia da infinidade de processos mentais complexos que isso implicava me paralisou. Então tive medo de não ser mentalmente capaz de decidir (e realizar a decisão de) dar dez passos. Compreendi, com a mesma lucidez com que pude compreender tudo o que vira sob o efeito do alucinógeno, que estava louco.

Ele conclui o relato da sua experiência dizendo: "Na verdade, algo de essencial mudou em mim a partir daquela noite".

A experiência transcendental de Caetano com a auasca pode ser percebida nas entrelinhas de algumas canções suas, como "Milagres do povo":

Quem é ateu e viu milagres como eu
Sabe que os deuses sem Deus
Não cessam de brotar, nem cansam de esperar
E o coração que é soberano e que é senhor
Não cabe na escravidão, não cabe no seu não
Não cabe em si de tanto sim
É pura dança e sexo e glória,
e paira para além da história

Também Gil foi, aparentemente, inspirado pelo Santo Daime na composição de músicas belíssimas, como "Se eu quiser falar com Deus".

Se eu quiser falar com Deus
Tenho que ficar a sós
Tenho que apagar a luz
Tenho que calar a voz
Tenho que encontrar a paz
Tenho que folgar os nós
Dos sapatos, da gravata
Dos desejos, dos receios
Tenho que esquecer a data
Tenho que perder a conta
Tenho que ter mãos vazias
Ter a alma e o corpo nus
Se eu quiser falar com Deus

Tenho que aceitar a dor
Tenho que comer o pão
Que o diabo amassou
Tenho que virar um cão
Tenho que lamber o chão
Dos palácios, dos castelos
Suntuosos do meu sonho
Tenho que me ver tristonho
Tenho que me achar medonho
E apesar de um mal tamanho
Alegrar meu coração
Se eu quiser falar com Deus
Tenho que me aventurar
Tenho que subir aos céus
Sem cordas pra segurar
Tenho que dizer adeus
Dar as costas, caminhar
Decidido, pela estrada
Que ao findar vai dar em nada
Nada , nada, nada, nada
Nada, nada, nada, nada
Nada, nada, nada, nada
Do que eu pensava encontrar

Hoje, graças à divulgação da imprensa e dos astros da mídia que aderiram ao movimento, o Santo Daime tem 15 mil adeptos no Brasil e fora dele. A comunidade original perto de Rio Branco tornou-se um lugar sofisticado, frequentado por altas personalidades, a exemplo dos irmãos Tião e Jorge Viana, ambos governadores do Acre.

O resto da história foi contado pelo Juarez Duarte Bonfim:

Pois não é que o jornalista Carlos Marques retornou ao Acre após quase 40 anos? Ao final de uma audiência com o então governador Jorge Viana, este perguntou ao jornalista se ele já conhecia o Acre. Marques contou o que já narramos, e para sua surpresa o governador Jorge Viana mostrou ao jornalista o convite que recebera para participar dos festejos dos 50 anos de casamento do Mestre Raimundo Irineu Serra com a Madrinha Peregrina Gomes Serra, dignatária do Centro de Iluminação Cristã Luz Universal — ciclu Alto Santo, no dia seguinte, 15 de setembro de 2006. E convenceu o jornalista a permanecer mais um dia no Acre. Marques reencontrou a Madrinha Peregrina Serra, viúva de Irineu Serra, a quem pediu desculpas pelo conteúdo ofensivo que sua reportagem ganhou na edição da revista *Manchete*, pois esta publicou então várias páginas com a reportagem, onde prevaleceu na edição a versão do bispo de que se tratava de uma seita diabólica. "Foi a primeira entre tantas a desagradar Irineu Serra e seus seguidores".
— Eu não podia revelar que havia encontrado Deus — disse Carlos Marques.
Na noite de 30 de abril de 2008, na sede do ciclu Alto Santo, foi realizado um evento oficial no qual a Fundação Elias Mansour do Estado do Acre, Fundação Garibaldi Brasil do município de Rio Branco e representantes dos centros que integram os três troncos fundadores das doutrinas ayahuasqueiras (Santo Daime, Barquinha e União do Vegetal), que solicitaram ao ministro Gilberto Gil, da Cultura, que o Instituto do Patrimônio Histórico e Artístico

Nacional (IPHAN) instaure o processo de reconhecimento do uso da *ayahuasca* em rituais religiosos como patrimônio imaterial da cultura brasileira.

O evento foi prenhe de êxito e um marco histórico do universo ayahuasqueiro brasileiro. No discurso de encerramento desta função religiosa de 30 de abril de 2008, já sem a presença das autoridades constituídas (ministro, governador, secretários de estado e políticos em geral), o orador oficial do CICLU Alto Santo lembrou a singela história do jornalista Carlos Marques, concluindo que (palavras minhas, registro de memória): o Mestre Irineu, sabedor do passado, presente e futuro do jornalista Carlos Marques, excepcionalmente presenteou o jornalista com uma garrafa de Daime para que este a fizesse chegar às mãos do cantor Gilberto Gil, que a tomasse e conhecesse, para que, passados quase 40 anos, viesse ao Alto Santo na condição de ministro de Estado interceder por tornar a *ayahuasca* patrimônio imaterial da cultura brasileira.

4

Estrepolias jornalísticas

— O JEAN GENET QUER conhecer você. Mas cuidado — advertiu-me Justino Martins —, ele é homossexual assumido e atirado. Com certeza você vai ter que comê-lo. E se você recusar, ele pode ficar violento!

Era junho de 1970 e o célebre dramaturgo francês, amigo de Cocteau, canonizado por Sartre e símbolo do intelectual transgressor, havia me visto na redação da *Manchete*, no suntuoso edifício na Praia do Russel com vista para o mar. Amigo de Justino, viera ao Brasil convidado pela lendária Ruth Escobar, que estava encenando em São Paulo a peça dele, *O balcão*, numa montagem absolutamente magnífica, revolucionária e inovadora do diretor argentino Victor Garcia. Na Cidade Maravilhosa, contudo, Genet achava-se sozinho, sem interlocutores, e não sabia onde encontrar rapazes bonitos para entretê-lo.

"Jean Genet chegou numa manhã de sol", escreveu Ruth. "Os jornalistas acotovelavam-se no aeroporto. Ele passou rosnando, bufando, azedo; mal me cumprimentou. Caminhava tão rapidamente que eu me desequilibrava nos meus saltos altos. Trouxe-o para casa. Excitava-me ter em meu convívio o autor de minha grande obra."

Se com a imprensa e até com sua generosa anfitriã esse gênio barra-pesada, que no passado fora ladrão, prostituto e preso inúmeras vezes, mostrou-se algo seco e até ríspido, comigo foi gentil e acessível, inclusive explicando-me a verdadeira razão de sua estada no Brasil: viera buscar seus direitos autorais em espécie, porque estava "farto de pagar imposto de renda aos compatriotas preguiçosos e canalhas da minha terra". E, de fato, não se separava de um saco amarelo de supermercado, abarrotado de notas de cruzeiro amassadas.

Ficamos muito amigos. O "lado marginal" que compartilhávamos gerou uma afinidade que ia além da barreira linguística. Meu francês capenga e o seu espanhol claudicante entendiam-se perfeitamente. Virei cicerone dele, que, como todo estrangeiro, se encantou com as belezas do Rio, sobretudo uns moços sem camisa que jogavam futebol no Aterro da Glória e nos quais fixava gulosamente os olhos azuis.

— *Des beaux garçons! Merveilles... merveilles!* — murmurava.

Genet estava hospedado no Glória, mas tinha ojeriza a hotéis de luxo, com seus *mâitres* excessivamente atenciosos e garçons postados ao redor dos clientes, sobretudo as celebridades, de modo que o convidei para jantar em casa. Marisa Raja Gabaglia, que encontramos no hotel, deu-nos uma carona até o meu apartamento, no Jardim Botânico, onde fui morar pouco depois do meu casamento. Genet levou o inseparável saco de dinheiro.

A noite começou bem. Meu convidado conheceu Liana e a pequena Juliana, com menos de um ano. Depois do jantar conversamos, sem que ele dissesse ou tentasse algo inapropriado. Eu estava fascinado por "São Genet", como Sartre o chamava, e lisonjeado pela atenção dele. Não era apenas um dos maiores ídolos da literatura contemporânea, mas também um homem vivido, sexagenário, que forjara sua obra nas ruas, nos meretrícios, nos cárceres, longe de academias, trajetória estudada por intelectuais do mundo inteiro e narrada no seu *Diário de um Ladrão*, que veio a ser o meu livro preferido de sua autoria.

Fez pouquíssimas referências à montagem paulista da sua peça — cuja ação se desenrola num bordel que espelha o mundo exterior até se transformar nele — ou à sua obra em geral. No entanto, revelou com orgulho ter acompanhado Ruth em sua visita à atriz Nilda Maria (que interpretava a revolucionária Chantal em *O balcão*) no presídio Tiradentes, onde ela estava detida: a vida imitava a arte. Genet se fez passar por um tio distante dela. "Era comovente vê-la chorar como criança nos meus braços", contou.

A noite ia alta quando ele começou a se engraçar comigo. Se o meu jeito afetuoso de ser e o fato de eu acariciar a careca dele o fizeram formar uma ideia errada a meu respeito, ou se ele já viera predisposto a isso, não sei. O fato é que procurei dissuadi-lo do modo mais amigável, até que ele me disse sem rodeios, e com todas as letras, que queria que eu o fodesse. Tentei fazê-lo entender que eu não era fisicamente apto a tal coisa, que eu gostava dele mas não me sentia atraído por homens, tudo isso morrendo de medo que minha mulher e filha escutassem aquele diálogo tenso e obsceno.

Genet pôs diante de mim o seu saco de supermercado e falou que o seu conteúdo seria meu se eu fizesse o que ele desejava. Confesso que aquilo me abalou, pois o saco devia conter uma pequena fortuna, e eu não estava exatamente nadando em dinheiro. Diante da minha recusa ele começou a se tornar agressivo, como Justino me advertira. Não me restou alternativa senão lhe dizer que metesse a viola no saco e fosse embora, que eu chamaria um táxi para ele.

Frustrado e cheio de fúria nos olhos esbugalhados, o francês pegou seu saco de supermercado e, quando segurou a maçaneta da porta, ocorreu-me que eu estava expulsando de minha casa um dos maiores escritores do mundo, sobre quem Jean-Paul Sartre, a inteligência suprema do século XX, havia escrito um livro com mais de 500 páginas!

Arrependido por tratar meu hóspede daquele jeito, exclamei:

— Deixa de bobagem, homem! O que você está fazendo?

Ele então se voltou para mim e, encarando-me fundo com seus olhos azuis, falou de modo calmo e pausado, mas enfático:

— Preste muita atenção: neste exato momento eu farei tudo, absolutamente tudo, que você me mandar fazer!

Julgando que aquilo fosse uma bravata, respondi:

— Ah, é? Pois então vá até aquele canteiro e coma terra!

Ele se dirigiu sem hesitar ao canteiro na sacada e, para minha perplexidade, enfiou um punhado de terra garganta abaixo, sujando a pele excessivamente branca e de nervos saltados.

— Chega! Chega! — gritei, assustado. Ele obedeceu de novo, e dei minha última ordem naquela noite: — Vem cá, senta aqui.

Com os ânimos acalmados, procuramos retomar o diálogo sossegado de antes, e em parte conseguimos. Parada diante da porta que separava a sala do corredor, Liana fazia um esforço para entender o que estava acontecendo.

Uma coisa notável é que, embora homossexual passivo, Jean Genet em nada aparentava essa condição, nada ostentava de efeminado na sua voz, postura ou gestual. Em tudo parecia um heterossexual masculino, inclusive na forma de ser carinhoso. Era como um chefe de obras cujo prazer fosse anal.

Acompanhei-o de táxi até o hotel. Como ele havia sido gentil e muito correto a despeito da minha recusa, quis agradá-lo de alguma forma. Pedi ao motorista que passasse pela Cinelândia, a fim de apresentar ao meu amigo um dos mais movimentados antros da perversão carioca, onde ele poderia encontrar travestis, garotos de programa, marginais, traficantes e tudo que precisasse para o seu prazer. Com certeza nenhum deles desprezaria o conteúdo de seu velho e amarrotado saco de supermercado. Ele rapidamente escolheu um jovem crioulo, levando-o para passar a noite consigo. Despedimo-nos com muita *tendresse* e eu lhe disse que vigiasse bem o saco de dinheiro, recomendação decerto desnecessária para alguém como ele.

No dia seguinte, sem os constrangimentos da noite anterior, Jean Genet me daria uma verdadeira lição sobre sexualidade, fama e dinheiro.

Para ele — condenado a prisão perpétua e depois perdoado, em 1948 — a fragilidade do sistema de valores da sociedade burguesa conduz o homem a abismos fatais, que justificavam sua postura provocativa como poeta, dramaturgo e escritor. Ultimamente *la politique* interessava-o mais que o teatro, andava muito envolvido com os Panteras Negras norte-americanos. Também fiquei sabendo, durante um papo descontraído nas calçadas de Copacabana, que os jovens e belos rapazes da Tunísia e do Marrocos eram seus preferidos para acompanhá-lo em longas temporadas parisienses regadas a vinho, drogas e muito sexo.

Escrever, para ele, era remédio, disse com um sorriso largo. Fumando sem parar, contou em detalhes a sua tentativa de suicídio, num quarto de hotel na Itália, em 1967, quando um de seus amantes foi mais bem-sucedido que ele nesse intento.

Ao reencontrá-lo, anos depois, em Paris, ele me disse:

— Tenho uma mulher belíssima para você, mas você só a terá se me comer!

Certas pessoas não mudam.

Aprendi muito com ele. Se o contato com alguém mais velho e sábio equivale a uma viagem, o autor de *Nossa Senhora das Flores* me fez dar a volta ao mundo. Ruth Escobar também se beneficiou desse convívio, como revela no prefácio da edição brasileira de *Diário de um ladrão*:

> Jean me inoculou a angústia eterna dos que vivem nas trevas e no limite da vida, a angústia dos delinquentes por falta de amor. Ele me ensinou a ternura pagã pelos criminosos, pelos marginais, pelos anatematizados. Durante anos tentei entender esse outro mundo levando meus espetáculos por trás das barras, até enfiar-me num projeto de ressocialização e humanismo dentro da Penitenciária do Estado. Quando me faltavam forças, pensava em Genet, em sua história de amor e maldição.

Jean morreu em 1986, sendo enterrado no cemitério espanhol Larrache, no Marrocos. Nunca um homem inquieto como aquele jazeria no lugar em que nasceu.

Orai por nós, São Genet!

* * *

Um dos maiores fenômenos do mercado editorial brasileiro foi o *Pasquim*, criado em 1969 por Tarso de Castro, Jaguar, Ziraldo e pelo meu amigo Sérgio Cabral, que me incluiu no time de colaboradores ocasionais do hebdomadário, como eles chamavam o jornal. Até então nenhuma publicação ousara atacar e ridicularizar o regime militar com tamanha coragem e irreverência. Essa mesma ousadia inovadora fazia com que seus colaboradores vivessem na mira do governo autoritário.

No final de 1970 a redação inteira do *Pasquim* foi presa. Marta Alencar, jornalista muito importante e braço direito do Brizola, segurou quase sozinha todas as pontas durante o período em que a equipe esteve encarcerada, até fevereiro de 71. Casada hoje com o ator Hugo Carvana, Marta foi vital para a sobrevivência do *Pasquim*, que durou até 1991.

Minha colaboração com o *Pasquim* abria meus horizontes e me tornava cada dia mais insatisfeito com a linha conservadora e pequeno-burguesa da *Manchete*.

O pretexto para cair fora do semanário de Adolpho Bloch surgiu quando o sobrinho e herdeiro dele, Pedro Jack Kapeller, Jaquito, espinafrou um texto meu e eu o mandei pentear macaco. Ninguém mandava o Jaquito pentear macaco. E ninguém se demitia da *Manchete*. Era coisa impensável, inaudita. Mas eu me demiti.

Fui parar na Rede Globo a convite do Augusto César Vanucci, um dos diretores mais próximos dos manda-chuvas Walter Clark e José Bonifácio de Oliveira Sobrinho, o Boni. Era a época da ascensão fulgurante da TV Globo, com líderes de audiência como os programas do Chacrinha e *Som Livre Exportação*, no qual trabalhei como produtor e entre cujas atrações fixas estavam Elis Regina, Ivan Lins e Os Mutantes. Eu aprendia e fazia dupla com um extraordinário profissional, Cícero de Carvalho, constantemente desesperado com os sumiços de um dos seus convidados mais assíduos e preferidos do programa, Tim Maia, ou com um Baden Powell indo gravar sempre bêbado. Todas as manhãs eu tinha reunião com a nata da casa, a saber, Boni, Borjalo e o consultor e especialista em mercadologia Homero Icaza Sánchez, conhecido por "El Brujo", morto recentemente.

Na Globo criei o *Alô Brasil, aquele abraço*, programa de variedades de uma cretinice ímpar, que ficou no ar entre 69 e 71. Em uma ocasião anunciamos que o programa exibiria "o menor homem do mundo", e lá fui eu buscar nos cafundós da Bahia um anão de 50 anos e 50 cm de altura, que voltou comigo no avião sentado no meu colo, um dos maiores micos que já paguei.

Meu apartamento no Jardim Botânico, vizinho da emissora, se tornaria uma espécie de refúgio dos noveleiros Cláudio Marzo, Marcos Paulo e o recém-chegado Roberto Pirilo, que realizavam torneios de futebol de botão em casa. Cláudio era sempre o campeão e as partidas barulhentas varavam a madrugada. Suzana Vieira fazia parte da torcida dos famosos e, um dia, pediu-me para apresentá-la ao famoso bandido Lúcio Flávio, seu ídolo, quando soube que eu o entrevistara na penitenciária Lemos de Brito; como a visita era impossível, fiz com que chegasse às mãos dela, de presente, um quadro pintado por ele na prisão.

Melhor sorte teve Betty Faria, outra torcedora assídua, que me pediu para conhecer o ator italiano Giuliano Gemma, expoente máximo do faroeste espaguete, mais uma celebridade que eu entrevistara para a revista e que se tornara meu amigo. Um romance surgiu entre os dois, fazendo com que ele retardasse sua volta a Roma e quase levasse a Betty consigo.

Na televisão vivi também o susto do grande incêndio da noite de 28 de outubro, que por pouco não a destruiu. Como eu morava do lado, devo ter sido um dos primeiros a chegar para ajudar os bombeiros, deitando baldes de água sobre as labaredas que consumiam o estúdio das novelas. O sinistro havia começado no auditório, em que era gravado o programa do Moacyr Franco, e o saldo da destruição foi alguns equipamentos e o teatro da TV Globo.

Sob os rigores da censura imposta pelo militares, as novelas de Dias Gomes sofriam cortes sucessivos, detonando crises internas e externas. Foi nesse período que comecei a ouvir insistentemente o nome de um certo Toninho, personagem de bastidores com reputação de resolver qualquer problema junto ao poder. Cada vez que surgia um impasse na Globo, logo se ouvia pelos gabinetes e corredores:

— Liga pro Toninho!

Conheci-o anos depois na capital federal, Antônio Carlos Drummond, mineiro de Araxá e possivelmente um dos mais profundos conhecedores dos segredos da política brasileira. A redemocratização iniciada no governo Geisel deve-lhe muito por suas contribuições silenciosas. De suas poucas incursões no plano internacional, a mais célebre foi decerto a entrevista com Saddam Hussein durante a guerra Irã-Iraque, habilmente negociada por ele em Bagdá.

Quando fomos apresentados, perguntei-lhe:

— Você já escreveu suas memórias?

— Já, e serão intituladas "Minhas amnésias".

Tive uma polêmica com o autor de telenovelas Bráulio Pedroso, veiculada pela revista *Intervalo*. Tudo começou com uma peça que escrevi em 69, intitulada *Matou o marido e prevaricou com o cadáver*. A ideia para esse fenômeno de sutileza me veio de uma manchete, com título idêntico, no jornal O

Dia. Segundo a matéria, uma mulher havia matado o marido e ficado dias transando com o cadáver. O odor putrescente deste atraiu a atenção dos vizinhos e a polícia foi chamada. Fascinado, fui à prisão conversar com essa mulher, que me explicou que não transava de fato com o finado, conforme alardeava a matéria, apenas se masturbava em cima dele, como se fosse pouco.

Escrevi essa peça numa noite só, em 17 de julho, dia do nascimento da minha filha Juliana. A ação se passa numa fábrica de caixões de defunto. Transformei o teatro num cemitério; o espectador não comprava a cadeira, e sim o seu túmulo. Na entrada uma inscrição: "Nós que aqui estamos por vós esperamos". A peça ganhou o segundo prêmio no concurso Coroa de Teatro (o primeiro foi para *A longa noite de cristal*, do Vianinha).

Dois anos depois, na novela *O cafona*, de Bráulio Pedroso, o personagem do Carlos Vereza quer rodar um filme intitulado *Matou o marido e prevaricou com o cadáver*. Todos acharam que se tratava de uma paródia ao *Matou a família e foi ao cinema*, do Júlio Bressane.

1971 foi o ano do incêndio não só da Globo, mas também da minha vida afetiva. Normalmente uma separação conjugal ocorre por vários motivos, porém um deles com certeza foi, no meu caso, o desejo sexual excessivo que me acompanhou a vida toda desde a puberdade, mas que poucas mulheres conseguem acompanhar num convívio diário. Satiríase, se não me engano, é o termo psiquiátrico para isso. Liana foi embora com nossa filha e eu caí numa depressão profunda. Para me animar, o Boni me mandou para Belo Horizonte fazer funcionar a recém-inaugurada Globo Minas. Por um tempo morei lá, voltando só em fins de semana.

No primeiro programa que levei ao ar na nova retransmissora, participavam de um debate duas mulheres que não podiam ser mais diferentes: Rose Marie Muraro e a *socialite* mineira Ângela Diniz. O tema era sobre "o futuro da mulher na sociedade"; poucos anos depois, Ângela seria assassinada pelo *playboy* Doca Street, em Cabo Frio. O programa foi apresentado pelo jovem Cid Moreira, que comandava o *Jornal Nacional* juntamente com Hilton Gomes. Quando Cid e eu voltamos para o Rio, encontramos no estacionamento da Globo o carro dele totalmente vandalizado pela sua mulher, enfurecida por ele ter, segundo ela, viajado com uma amante.

No *Pasquim* havia uma coluna, "Underground", de autoria do guru da contracultura, Luís Carlos Maciel, intelectual lúcido, versátil e admirado pelas esquerdas, embora frequentemente pouco generoso com os que não possuíam, ou não acompanhavam, a sua frondosa erudição. A coluna tratava dos assuntos mais ousados do momento, que iam de revolução sexual e existencialismo sartreano a Era de Aquário e LSD.

Quando Tarso de Castro foi substituído no cargo de editor-chefe pelo Millôr Fernandes, que detestava contracultura, *rock* e tropicalistas, a coluna "Underground" foi cancelada e o Luís Carlos Maciel, indignado pelo que considerava um conservadorismo reacionário dominando esse baluarte da vanguarda chamado *Pasquim*, demitiu-se e editou em novembro de 71 a primeira versão brasileira da revista *Rollling Stone*, que duraria apenas dois verões e 36 números, mas marcaria época como a primeira grande experiência da imprensa alternativa brasileira e inspiração para as que viriam depois. A imprensa musical moderna no Brasil nasceu ali, onde foram publicados pela primeira vez textos de feras como Ana Maria Bahiana, Okky de Souza, José Emílio Rondeau e Ezequiel Neves, namorado do Cazuza.

Embora fosse uma revista mais musical que outra coisa, fui acolhido na *Rolling Stone* pelo Maciel como o repórter que escrevia matérias não musicais, pois eu ainda cheirava a *Manchete*. E foi nessa capacidade que fiz uma das melhores reportagens da curta existência dessa publicação pioneira.

Nosso alvo foi um dos chamados Homens de Ouro da polícia carioca, na verdade um esquadrão da morte camuflado. Nelson Duarte era delegado durante a semana e, aos domingos, vedete de um programa de TV — apresentado pelo ultrarreacionário Flávio Cavalcanti — no qual incitava a população a denunciar os "cabeludos fumadores de maconha e outras drogas". Fui atrás dele em seu próprio território, a Delegacia Policial do Leblon, onde cheguei com papel e lápis para uma entrevista combinada por telefone.

— Delegado — falei —, apesar dessa minha aparência meio *hippie*, fiquei muito impressionado com a sua determinação e lucidez na TV, e consegui convencer o meu redator-chefe a preparar uma edição com o senhor na capa: para isso vim entrevistá-lo.

Vaidoso que era, inchou-se de orgulho. Nem me deu tempo para perguntas, foi logo despejando seu discurso moralista, sem pontos nem vírgulas, elogiando a si mesmo descaradamente, enquanto abria gavetas mostrando pacotes de maconha e cocaína apreendidos em batidas policiais.

— A maioria desse material e das prisões efetuadas aconteceu graças a denúncias de mães e vizinhos de jovens viciados que me viram na TV — gabou-se. — É um sucesso!

Não foi difícil convencê-lo a uma sessão de fotos com a família, numa tarde ensolarada em sua casa. Atendendo a uma sugestão minha, ele posou empunhando uma metralhadora, juntamente com sua mulher e filhos, todos brandindo revólveres, "para dar mais veracidade à sua cruzada moralizante", falei. Ele fazia tudo que eu pedia, inclusive colocar o papagaio de estimação pousado no cano da sua arma.

A edição com Nelson Duarte na capa me renderia frutos doces e amargos. Zuenir Ventura saudaria o trabalho como jornalismo de resistência e Ana Maria Bahiana, generosamente, o chamaria de clássico da imprensa alternativa. Nos quartéis e delegacias os algozes viriam de novo atrás de mim, inconformados pelo pobre delegado ter caído na minha sórdida armadilha.

Sobre essa aventura antirrepressiva eu encontraria anos mais tarde, na internet, uma entrevista com o Luís Carlos Maciel:

> MARCA DIABO — Nos anos 70, você editou no Brasil uma versão "marca diabo" da revista *Rolling Stone*. Durante um período vocês pararam de pagar os *royalties* e continuaram a publicar uma edição pirata, não?
>
> LUIS CARLOS MACIEL — Na verdade ela foi pirata todo o tempo, porque os caras nunca pagaram nada (os ingleses Mick Killingbeck e Norman Hilary Balnes, sócios da edição nacional da revista). Eles fecharam o contrato mas nunca pagaram. Aí depois de alguns meses, eles (da *Rolling Stone* americana) mandaram uma reclamação formal e suspenderam o envio de matérias para nós. Mas o engraçado é que eles não abriram um processo pelo uso da marca nem nada. O jornal continuou saindo com aquele logotipo da *Rolling Stone*, só que por sugestão do [diretor gráfico] Lapi a gente

colocou um "pirata" embaixo (risos). Então virou a *Rolling Stone Pirata*.

MD — E como foi a experiência de editor da *Rolling Stone*? Vocês não falavam só de artistas de *rock*, não é? Até Luiz Gonzaga foi capa...

LCM — Sim, o Luiz Gonzaga. Acho que quem fez a matéria foi o Capinam. Teve o Nelson Duarte na capa, o detetive.

MD — Detetive?

LCM — É, o Nelson Duarte era um dos Homens de Ouro, detetives da polícia carioca autorizados pelo governo do estado para matar gente. Um deles até hoje é deputado estadual, cujo lema é "bandido bom é bandido morto". E o Nelson Duarte fazia campanha contra drogas, e a gente tinha raiva dele por causa disso. Aí fizemos uma reunião de pauta e dissemos "vamos acabar com esse filho da puta, esse viado". E tinha o Carlos Marques, que era um tremendo repórter, inteiramente louco, chato pra caralho, mas que topava todas. Então o Carlos Marques disse assim: "eu faço essa matéria". Ele ficou amigo do Nelson Duarte, o Nelson Duarte levou o Carlos Marques pra casa dele, o Carlos Marques enrolou o cara dizendo que ia fazer uma matéria glorificando o Nelson...

MD — Caralho...

LCM — Sugeriu para o Nelson: "Vamos tirar uma foto, você e a sua família. Mas todo mundo com uma arma na mão" (risos). Então era a mulher dele armada, as crianças todas armadas. E o Carlos falando, "junta mais um pouquinho pra foto de família". Aí o Carlos conseguiu uma foto do arquivo do Nelson Duarte, uma que ele estava todo condecorado, levou para a redação e nós fizemos um carnaval. Colocamos na capa, uma capa verde [N.E.: Infelizmente não conseguimos uma reprodução dela]. E o Nelson Duarte ficou maravilhado com a história, até que abriram um processo contra os Homens de Ouro, por causa dos crimes, porque eles matavam as pessoas.

MD — Era uma espécie de Escuderie Le Cocq?

LCM — É, eles faziam parte da Escuderie Le Cocq [organização criada em 1964 por policiais no Rio de Janeiro com o objetivo de matar criminosos]. Os caras da Escuderie Le Cocq viraram os Homens de Ouro. Então eles foram levados a julgamento, foram processados. Até que em uma audiência com uma juíza, ela se vira e diz para o Nelson Duarte: "Ah, o senhor é aquele detetive que foi ridicularizado por uma revista e tá se achando todo importante?" O Nelson Duarte levou um susto, foi só aí que ele descobriu que tinham sacaneado com ele (risos). O Carlos Marques se mandou do Brasil, foi pra Europa. Ele disse, "puta, o Nelson Duarte vai me dar um taco, é melhor eu dar o pinote". Aí ele se mandou.

Ainda não foi dessa vez que dei o pinote, e sim depois do que aconteceu em seguida.

O tema da antipsiquiatria, bem como tudo que começasse com "anti", era caro ao Maciel, de modo que resolvi fazer uma matéria a respeito. Tratava-se basicamente de uma corrente que contestava a psiquiatria clássica, relativizava o conceito de doença mental e considerava os estabelecimentos médicos psiquiátricos meras câmaras de tortura — afirmação cuja veracidade eu estava prestes a comprovar na própria pele.

Eu também me interessava pelo tema, por causa do confinamento do meu querido Vagn, morto recentemente no Pinel, e do artista plástico Darcílio Lima, outro amigo internado numa clínica psiquiátrica, sem falar na minha própria experiência com terapia de grupo. Além disso, eu consumia drogas e sabia como era "ficar doido". Tudo que era maluquice me atraía. Vivíamos numa época em que ser "maluco" era considerado um estilo de vida alternativa, de inconformismo com as regras da sociedade, de contestação a um governo tirânico para o qual ordem e obediência eram as maiores virtudes.

As grandes vedetes dessa vertente inovadora eram os psiquiatras ingleses David Cooper e Ronald Laing, este último louco de pedra. Influenciado pelo existencialismo, Laing vivia montado numa árvore, em Londres, onde escrevia seus livros. Michel Foucault, autor de *História da loucura*, o venerava e ia sempre conversar com ele, ficando à sombra da árvore sobre a qual Laing se encarapitava. Ambos foram também amigos do Jean Genet. A matéria ficou longa e abrangente.

Dias depois de a edição chegar às bancas, um psiquiatra apareceu na redação querendo falar comigo. Quando cheguei, o Maciel me advertiu:

— Esse cara é do SNI, cuidado com o que você vai dizer!

Era um conterrâneo pernambucano, dr. Geraldo Marques, inclusive com o mesmo sobrenome que eu, para minha vergonha, pois o sujeito não passava de um sádico frio, calculista e sanguinário.

Inteligente, de boa aparência e fala mansa, logo de cara procurou acalmar os meus receios. Ele não viera me punir, pelo contrário: desejava curar-me dos distúrbios de que eu certamente padecia e que constituíam o motivo para eu albergar noções tão equivocadas como as que divulgara na minha matéria.

— Punidos e bem severamente deveriam ser esses dois europeus irresponsáveis que você tanto admira — ironizou.

Inicialmente calmo, depois esbravejando sem parar, apontava meus erros e exibia seus argumentos pseudocientíficos aprendidos na caserna onde se graduara.

— Na verdade, vocês estão sugerindo e propondo a extinção dos manicômios. Essa proposição é a expressão política de uma doutrina de inspiração anarcocomunista!

Depois do seu discurso ultraconservador, reiterando que a antipsiquiatria nada mais era que uma afronta ao regime e aos valores sociais vigentes, marcou para mim uma consulta gratuita, à qual me convidou a comparecer, na sua clínica.

Sei que é difícil acreditar, mas eu fui à consulta, de livre e espontânea vontade, sem desconfiar que se tratava de uma ratoeira. Ou talvez eu desconfiasse, mas a minha curiosidade jornalística, ou minha estupidez, falou mais alto que o bom senso. Não foi a primeira vez, e nem seria a última.

Era uma clínica do exército. Mal entrei, já fui algemado e sedado. Acordei a bordo de um avião da FAB que se dirigia a Recife. A "clínica" do Geraldo Marques, mera prisão disfarçada, ficava na minha terra natal.

Piores ainda que os próprios militares eram esses prepostos deles de outros ramos de atividade, médicos, policiais, jornalistas, advogados, políticos, etc., que não passavam de lacaios do regime e, servindo cada um na sua própria capacidade, ajudavam a ditadura militar a se infiltrar ao máximo na sociedade civil.

Passei três meses aprisionado nessa clínica sombria, tendo por companheiro de quarto — ou melhor, de cela — o filho do dono da cachaça Pitu. Todos os dias eu era submetido a sessões de eletrochoque, induções a comas insulínicos e doses maciças de haloperidol, que me deixavam catatônico, trêmulo, totalmente aniquilado física e mentalmente, torturas que substituíam as surras e o pau de arara de outras detenções menos científicas.

De todos os aprisionamentos que padeci, esse foi o mais cruel. Eu estava totalmente incomunicável e ninguém podia fazer nada por mim. Até os enfermeiros, penalizados, tentavam me consolar antes de fritar meu cérebro com choques elétricos na cabeça.

Fiquei de tal forma traumatizado por esse ritual macabro, que até hoje entro em pânico cada vez que ouço a aproximação do carrinho da doce Jerusa, a camareira, vindo arrumar o meu apartamento, pois me faz lembrar o ranger dos carrinhos que transportavam as máquinas de eletrochoque.

O dano temporário que isso causou nos meus circuitos cerebrais fez com que a memória do que aconteceu ao cabo da minha internação fosse quase totalmente apagada. Sei que fugi daquela masmorra, mas não me recordo de que forma. Só espero que não tenha sido disfarçado de mulher, como Brizola ao fugir para o Uruguai, segundo o folclore político.

5

Clandestino na Cidade Luz

Fazia tempo que eu queria ir embora do país; meu confinamento foi o empurrão que realizou esse tão sonhado projeto.

Passando rapidamente pelo Rio, fiz as malas e, averiguando quais navios cargueiros iam para a Europa, descobri que o Corina, a caminho da França, faria escala em Recife. Voltei para lá de ônibus, temeroso de subir num navio no Rio de Janeiro, onde eu estava sendo procurado por toda parte, e fiquei escondido num hotel bem fuleiro no porto de Recife, até o momento de embarcar no Corina como clandestino. Quando me descobriram no porão do navio, já estávamos em alto-mar.

Ao me interrogar, o comandante, um negão muito chucro mas bem-intencionado, compadeceu-se de mim e me instalou na cabine do armador, que se encontrava sempre vazia, pois o dono do navio nunca viajava nele. Na verdade, o comandante estava muito feliz com a minha presença, pois não contava todos os dias com um interlocutor de certo nível com quem conversar naquela viagem longa, que na época durava uns catorze dias. A cabine do armador ficava ao lado do camarote dele, que todos os dias chamava: "Jornalista, vem almoçar comigo!". Eu sempre almoçava e jantava com ele.

Levava comigo pouquíssimo dinheiro, uns cem dólares, mas carregava na bagagem algo de real valor: um pacote com gravuras do meu amigo, o artista cearense Darcílio Lima, que eu esperava encontrar em Paris, onde ele estava morando. Tínhamos muito em comum, inclusive o fato de termos sido ambos internados em manicômios, mas não ao mesmo tempo, e nem pela mesma razão. A loucura dele era, por assim dizer, artística, e a minha, política.

Conheci Darcílio Lima na Casa das Palmeiras, no Botafogo, famosa clínica de reabilitação para egressos de instituições psiquiátricas, onde estes podiam expressar sua criatividade, em regime de externato, numa etapa intermediária entre a rotina hospitalar e a reintegração à vida em sociedade.

Essa experiência revolucionária em psiquiatria foi obra da dra. Nise da Silveira, aluna de Carl Jung, sobre quem escreveu um ótimo e acessível estudo, *Jung, vida e obra*. Figura absolutamente fascinante, morava na rua das Palmeiras, no Rio, com seus vinte e oito gatos. Leon Hirszman fez um documentário sobre ela, que se posicionava radicalmente contra as formas agressivas de tratamento psiquiátrico da sua época, tais como confinamento em hospitais, eletrochoque e lobotomia. Uma heroína do nosso tempo.

O cabelo de Darcílio era um ninho de parasitas e ele vivia cercado de gente agressiva e imunda; porém, com sua roupinha de internado, naquelas condições precárias, fazia desenhos que impressionavam a todos. Espantado com o detalhismo e o bom gosto do seu traço em bico de pena, convenci Arnaldo Niskier a dar-lhe um emprego de contrarregra no estúdio fotográfico da *Manchete*: foi o primeiro emprego que Darcílio teve. Ele deixou a Casa das Palmeiras, morou uns meses comigo no Solar e depois num quarto que alugamos para ele, na Glória.

Por sua vez, Nise da Silveira o apresentou ao consagrado desenhista e pintor Ivan Serpa, que abriu as portas do seu ateliê ao genial amador. Darcílio ganhou a medalha de ouro no Salão de Arte Contemporânea de Campinas e, dois anos depois, em 69, uma viagem ao exterior, no XX Salão de Arte Moderna, no Rio.

Depois disso a ascensão dele não parou. A Europa, sempre mais apta que o Brasil a reconhecer e valorizar talentos brasileiros, aclamou-o como um extraordinário *erotic metaphysician*, termo cunhado pelo crítico inglês Beresford Evans na revista *Art and artists*, e a crítica parisiense não ficou atrás, dedicando-lhe elogios rasgados na *Paris Match* e em outras publicações especializadas. O pintor catalão Salvador Dalí, expoente máximo do surrealismo, acolheria o autodidata de 28 anos no seu reduzidíssimo círculo íntimo de gênios da arte mundial. O próprio Darcílio classificava sua obra como "surrealismo fantástico".

Em contrapartida o Brasil, imbecilizado pelos militares, ignorava esse prodígio artístico, exceto por intelectuais de peso como os críticos Jayme Maurício e Mário Pedrosa — que o colocou na mesma família que Buñuel —, o artista Marcelo Grassmann e o escritor Ignácio de Loyola Brandão, que publicaria na revista *Planeta*, cuja redação dirigia e para a qual eu escrevia como *freelancer*, um de meus primeiros textos sobre o artista.

Outro gigante das letras que soube apreciar a genialidade darciliana foi Gerardo Mello Mourão, autor das seguintes linhas:

> Os quadros de Darcílio, disputados nos mais avançados centros de arte da Europa, e adquiridos pelos mais refinados colecionadores do País e do exterior, têm provocado interpretações antagônicas. Em torno deles, como da própria vida poliédrica e fascinante do artista, se criaram fábulas e versões, todas, possivelmente, aquém de sua verdadeira axiologia ontológica. A mais frequente dessas versões é a que qualifica sua pintura como essencialmente erótica. É muito, mas não é tudo. Os andróginos, as ginandras, os machos e as fêmeas que trazem a seus quadros o testemunho sagrado dos seios e dos falos, das doçuras calipígias e das súplicas vaginais, têm, decerto, uma força erótica que, no mundo das artes, só encontraríamos, por exemplo, no vigor religioso da pintura etrusca ou no sumo da lírica lawrenciana.

Esse erotismo desconcertante assustava os reacionários que dirigiam o país, e Jayme Maurício denunciaria no *Correio da Manhã* a censura da qual o artista era alvo constante: "Uma lástima no processo de informação jornalística não ser possível a reprodução de desenhos mais característicos de Darcílio Lima".

Ter ganho o Prêmio de Viagem ao Estrangeiro também poupou Darcílio de maiores dissabores com a repressão, visto que por pouco ele não foi preso quando, na abertura de sua primeira exposição individual no Rio, apareceu vestindo uma farda de general.

Influenciado pela trajetória de sucesso do meu amigo, resolvi que um dia eu também viajaria a Paris, onde o encontraria. E lá estava eu fazendo isso, embora não exatamente da forma como sonhara...

Minha leitura durante a travessia marítima foram os contos de um jornalista vencedor do Concurso de Contos do Paraná, em 71, considerado autor revelação por crítica e público. A mais surpreendente dessas narrativas intitulava-se "De como estrangular um general", história quase kafkiana de um civil que todas as noites sonha estrangular um milico, ficando mais debilitado e enfermo a cada dia. A mensagem implícita não poderia me escapar: a ditadura militar não só piorava o país, como também os indivíduos. O nome desse jornalista, que eu não conhecia pessoalmente, era Luiz Fernando Emediato, e tantas são as reviravoltas da vida, que ele acabou se tornando meu editor.

Antes disso, a última coisa que eu me lembro de ter lido foi *Me segura qu'eu vou dar um troço*, do poeta Waly Salomão, meu grande amigo. Durante meses ele havia ficado no meu pé para que eu conseguisse, junto à Rose Marie Muraro, a publicação desse livro pela Vozes. Mas uma editora pertencente à Igreja nunca publicaria uma obra anárquica e iconoclasta como essa. O livro foi lançado por outra casa editorial, em 72, e aclamado como um clássico dos movimentos contraculturais artísticos da década de 70, bem como um marco na poesia experimental brasileira. Eu achei uma droga.

Quando o Corina atracou no porto de Marselha, onde ficaria ancorado por uma semana e depois zarparia para Roterdã, fiquei ainda uns três dias a bordo. A cada dia o comandante gritava para mim: "Jornalista! Já chegamos! Não vai descer? Vá-se embora!"

Mas eu estava morrendo de medo.

O que seria de mim? Chegara a um país cuja língua eu não falava, não tinha dinheiro, não sabia para onde ir. Eu queria fugir do Brasil, mas não fizera planos para depois disso. No quarto dia, ele começou a me pressionar. No quinto, chamou-me e disse:

— Se quiser voltar para o Brasil, eu emprego você como taifeiro. O que não dá é pra ficar indefinidamente aqui. O que é que vai ser, irmão?

A hipótese de voltar era impensável. Desembarquei.

Ainda na terrinha, o meu amigo Muniz Sodré, intelectual viajado, refinado e poliglota, havia me aconselhado a levar alguns produtos básicos para minha alimentação, pois em Paris tudo era caríssimo, eu poderia até passar fome lá.

Com essa advertência em mente, procurei durante a viagem, como a formiga da fábula, armazenar o máximo de provisões que eu pudesse, graças à generosidade do taifeiro, com quem eu fizera amizade e que me fornecera uns quilos de feijão, farinha, e até pedações de carne seca e condimentos necessários para uma feijoada improvisada.

O problema é que a preciosa carga havia ficado pesada demais para carregar, de modo que, chegando à ferroviária de Marselha, precisei me desfazer dela aos poucos. Assobiando e tentando disfarçar, eu desovava um pacote de farinha aqui, outro de arroz acolá, tremendo de medo que os policiais me confundissem com um terrorista plantando bombas pela estação. Muniz Sodré me assegurou que mesmo com essa minha cara de árabe, eu nao sofreria violência nenhuma na França. Mas, me advertiu: se alguém com essa tua cara tiver na mão uma faca, aí se previna, porque pode virar peixeira.... como em Pernambuco.

Ao entrar no vagão, constatei que estava sozinho com um árabe, na cabine de oito passageiros. Eu o olhava de soslaio, enquanto o imigrante malvestido remexia alguma coisa na sua sacola de viagem. Minha pressão sanguínea elevou-se consideravelmente quando o homem tirou um canivete da mochila, e o meu coração latejou-me nos ouvidos diante do sorriso matreiro que ele me dirigiu.

"Escapei dos militares para ser degolado na França por causa de um punhado de farinha de mandioca", pensei, ofegante.

O árabe voltou a remexer dentro da sacola e, tirando de dentro dela uma laranja, descascou a fruta e me ofereceu a metade.

Aliviado e envergonhado, pude então reparar na bela paisagem amarelada de girassóis em flor à medida que o trem, disparado, rasgava o interior francês. Santo árabe! Não somente repartiu comigo sua refeição, como ainda, ao desembarcarmos, ajudou-me carregando uma de minhas malas e indicando um hotel barato para eu ficar em Paris.

A Gare de Lyon, uma das mais belas estações de trem no centro da capital francesa, não me causou espécie. Costumo dizer que só cheguei de fato a Paris um ano depois de chegar a Paris. Os encantos da Cidade Luz passaram despercebidos por mim, angustiado que estava com a minha sobrevivência imediata.

O primeiro lugar que visitei não foi a torre Eiffel, a catedral de Notre Dame nem a Champs-Élysées, e sim a sucursal europeia da revista *Manchete*, instalada num belo edifício na praça de L'Alma, a mesma onde ocorreu o fatídico acidente com Lady Di. (Ali morava também a quase centenária atriz alemã Marlene Dietrich. Cheguei a ver algumas vezes esse ícone do cinema mundial descendo de elevador até o térreo e depositando seus sacos de plástico no pátio das lixeiras, como uma velhinha qualquer.) Com vista para o rio Sena, a redação fulgurava graças aos magníficos lustres de cristal e espelhos que revestiam as paredes do chão ao teto.

Quem dirigia o escritório parisiense do semanário de Adolpho Bloch era o charmoso e competente jornalista Cláudio Mello e Souza, homem de confiança do grande patrão russo, apelidado de "Remador de Ben-Hur" pelo amigo Nelson

Rodrigues, além de poeta e tradutor de Bernard Shaw. Dois meses após minha chegada a Paris, eis que aparece na redação o Cidadão Kane brasileiro em pessoa — título que era de Bloch antes de ser dado ao Roberto Marinho.

— O que você está fazendo aqui? — vociferou quando me viu.

Ele não havia esquecido a minha desfeita anos atrás, ao pedir demissão. No que lhe dizia respeito, eu não passava de um ingrato, e embora permitisse que eu voltasse a trabalhar na sua empresa, nunca mais me dedicou a atenção nem a consideração de antes, quando eu era tratado como "cria da casa". Cláudio Mello e Souza, contudo, viria remando em meu socorro, e me pautava segundo as instruções do diretor de redação lá no Rio, meu padrinho de casamento Justino Martins.

O meu primeiro conflito com a redação carioca se deu por causa da censura no Brasil, que nos assombrava até na Europa.

Minha chegada a Paris coincidiria com o delicado período em que a guerra no Vietnã ocupava diariamente as manchetes de jornais e revistas do mundo inteiro, além de noticiários de rádio e TV. O êxito dos vietcongues e o início da retirada das tropas norte-americanas, começando pela capital Hanói, haviam se transformado no assunto do momento na mídia global, e o anúncio da vinda do secretário de Estado Henry Kissinger à capital francesa para discutir um acordo de cessar-fogo com o chanceler vietnamita Tran Van Lam despontou como a primeira chance, para mim, de um furo de reportagem internacional.

Resolvi fazer plantão no Centro Internacional de Conferências e imediações, o que me permitiu conhecer e começar a assediar, na qualidade de correspondente brasileiro (o que oficialmente eu não era), o ainda inexperiente porta-voz da representante dos vietcongues, a sra. Nguyen Thi Binh, prometendo-lhe mundos e fundos se me ajudasse a obter o que uma legião de colegas meus do mundo todo cobiçavam: uma entrevista exclusiva. Ele me respondeu, em péssimo espanhol (havia morado em Madri) que fosse ao encontro dele no hotel, onde a diplomata também estava hospedada.

Obtive quinze minutos de entrevista com ela e voltei para a redação nas nuvens, confiante de que esse furo com a representante da temível organização guerrilheira vietnamita renderia uma matéria de capa e uma promoção espetacular para mim. Quem me visse eufórico daquele jeito acharia que eu era um dos signatários daquele acordo tão esperado pela humanidade.

A resposta do Justino Martins, da redação carioca, foi como um banho de água fria no meu entusiasmo:

— Não sei se vai dar para publicar a matéria da chanceler vietcongue, mas digam ao Carlos que a capa da próxima edição será o casamento da *socialite* Silvia Amélia Marcondes Ferraz com o barão de Waldner. Será terça-feira na Madeleine. Parece que o Tarso de Castro vai estar presente, e como ele é ex--namorado da futura baronesa, será interessante uma entrevista com os dois, lado a lado, em Paris.

Mesmo sabendo que a imprensa no meu país estava amordaçada pela ditadura e obrigada a ignorar os acontecimentos mais importantes do planeta, fiquei furioso. Minha frustração foi amenizada pelo fotógrafo Alécio de Andrade, que sugeriu:

— A tua vingança tem que ser erótica: vamos passar a semana fazendo uma belíssima reportagem sobre o Crazy Horse, incluindo uma entrevista com o seu criador, Alain Bernardin. Lá no Rio eles vão adorar!

Dito e feito: Justino Martins, que adorava esse tipo de matéria, publicou-a com destaque, feliz da vida.

Alécio foi um dos meus primeiros amigos em Paris. Discípulo de Cartier Bresson, esse moreno franzino com alma de artista e aura de santo era já um fotógrafo conceituadíssimo quando amenizou meu desespero de recém-chegado, ajudando-me a sobreviver às intempéries de um amanhã mais que incerto. Era filho de um intelectual mineiro que escrevia discursos para o presidente Getúlio Vargas e me contava que, no dia do suicídio que abalou o país, ele, criança ainda, brincava no elevador do Palácio do Catete, enquanto, no entra e sai de ministros consternados, ninguém sabia quem era aquela criança indiferente aos terremotos no mundo dos adultos.

A esse grande mestre da fotografia, também pianista clássico, seu amigo Carlos Drummond de Andrade dedicou um poema, intitulado "O que Alécio vê":

A voz lhe disse (uma secreta voz):
— Vai, Alécio, ver.
Vê e reflete o visto, e todos captem
por seu olhar o sentimento das formas
que é o sentimento primeiro — e último — da vida.

E Alécio vai e vê
o natural das coisas e das gentes,
o dia, em sua novidade não sabida,
a inaugurar-se todas as manhãs,
o cão, o parque, o traço da passagem
das pessoas na rua, o idílio
jamais extinto sob as ideologias,

a graça umbilical do nu feminino,
conversas de café, imagens
de que a vida flui como o Sena ou o São Francisco
para depositar-se numa folha
sobre a pedra do cais
ou para sorrir nas telas clássicas de museu
que se sabem contempladas
pela tímida (ou arrogante) desinformação das visitas,
ou ainda
para dispersar-se e concentrar-se
no jogo eterno das crianças.

Ai, as crianças... Para elas,
há um mirante iluminado no olhar de Alécio
e sua objetiva.
(Mas a melhor objetiva não serão os olhos líricos de Alécio?)
Tudo se resume numa fonte
e nas três menininhas peladas que a contemplam,
soberba, risonha, puríssima foto-escultura de Alécio de Andrade,
hino matinal à criação
e a continuação do mundo em esperança.

Mais tarde, aliás, eu saberia de outros amigos eminentes seus, como Pedro Nava, Mário Pedrosa, Manuel Bandeira, aos quais Alécio era de tal forma devotado, que o falecimento de cada um deles parecia roubar-lhe um pouco de sua própria vida.

— Estão todos indo, Carlos — dizia-me. — Quero ir também...

E foi-se, vitimado pela nostalgia. Em Paris se fecharam os olhos que partilharam com o mundo tantas belezas.

* * *

Meus primeiros meses na Cidade Luz foram árduos. As reportagens *freelance* para a *Manchete* rendiam muito pouco, sem falar que os pagamentos atrasavam constantemente. Eu vivia na cidade com visto de turista, válido por apenas três meses; vencida essa data, eu jogava o meu passaporte no rio Sena, me dirigia à delegacia, dizendo que havia chegado do Brasil há poucos dias, e, de posse desses boletins de ocorrência, ia ao consulado brasileiro fazer um novo passaporte. Tudo isso custava dinheiro.

Temeroso de que o meu esquema ilegal fosse descoberto, eu vivia me esquivando da polícia, escondia-me cada vez que uma viatura passava. Por diversas vezes, a fim de não ser parado por alguma *blitz* policial que me pediria meus documentos, eu saía de óculos escuros e bengala de cego, fazendo-me passar por deficiente visual, aproveitando para impunemente assestar bengaladas nas pernas dos *flics* ou tiras.

Tratei de pelo menos me beneficiar do excelente sistema de saúde do país e fiz diversas consultas médicas gratuitas, sobretudo no oftalmologista, por causa do meu problema na visão, causado pelos golpes na cabeça durante meus encarceramentos. Nessas consultas eu não era cego, e sim surdo-mudo, pois como eu falava mal o francês e era um imigrante ilegal, diante do médico eu apenas gesticulava, apontando os olhos, a barriga, dizendo onde doía. Quando penso que essa minha impostura teria sido tão facilmente descoberta com a simples queda de um objeto, causando-me um sobressalto e assim revelando que eu escutava perfeitamente, dou-me conta de que a grande arte do brasileiro, e a única que cheguei a dominar, é a de se virar.

Antes de partir do Brasil, eu havia recebido uma incumbência. O sensacional e transgressor psicanalista José Ângelo Gaiarsa me entregou um livro imenso, *O pulmão na obra de Salvador Dalí*, repleto de fotos e desenhos do artista, pedindo-me que o presenteasse ao pintor vivo mais célebre do mundo, que morava em Paris.

A oportunidade de me encontrar com Dalí surgiu quando o guitarrista francês Pedro Soler — que eu conhecia dos meus tempos de Rede Globo, tendo ajudado a divulgar um concerto dele no Rio de Janeiro — me apresentou ao harpista Hervé de Longchamps, amigo do pintor. Hervé me levou consigo num sábado ao suntuoso hotel Le Meurice, com vista para o Jardim das Tulherias. Dalí morava em um apartamento que ocupava metade de um andar inteiro desse hotel.

Salvador Domingo Felipe Jacinto Dalí i Domènech, marquês de Púbol, beirava então os setenta anos e quase não pintava mais. Decadente como o próprio surrealismo, vendia tal imagem ao público, ciente de que na França glamurizava-se *la décadence* como em nenhum outro lugar. Só quem não soubesse disso, como eu, ficaria perplexo diante do que vimos.

Quando Hervé, sua mulher Nena e eu entramos, fomos conduzidos à presença do *maître*, como Hervé me recomendou que o chamasse, não esquecendo que essa palavra quer dizer tanto "mestre" quanto "amo". No salão principal, nos deparamos com um cenário tipicamente *ancien régime*. Rodeado por uma corte de belíssimos rapazes e moças vestidos de pajens, Dalí estava debaixo de um baldaquino, sentado num trono, coberto por um manto púrpura, com uma coroa na cabeça e um cetro na mão. À sua frente visitantes enfileiravam-se; ele os recebia como súditos numa audiência real.

Quando chegou a minha vez, Hervé me apresentou ao "amo", que acolheu meu cumprimento com certo desdém, e antes que eu pudesse entregar-lhe o livro do Gaiarsa, precisei me afastar para dar a outro o privilégio de falar com aquele exibicionista profissional que, quando criança, se atirava escada abaixo só para chamar a atenção.

Depois desse "beija-mão", Hervé levou-me para ver as suítes repletas de obras de arte. Eram cerca de dez, e em todas havia rapazes e moças trocando carícias, movimentação geral que sugeria a iminência de uma grande suruba. Afinal, pensei, aquela gente não estava ali de graça.

Contagiado pela atmosfera de erotismo que começava a se instaurar, dei por mim trocando olhares com uma loira lindíssima, muito gostosa mesmo. No entanto, quando decidi abordá-la, Hervé me advertiu que, se eu prosseguisse no meu intento, veria diante de mim "um pincel", pois Amanda Lear, a nova musa do nosso anfitrião, era um notório travesti.

Numa das suítes — o quarto do "amo" —, dominada por uma grande cama com dossel, um grupo de norte-americanos desembrulhava umas caixas grandes, tirando de dentro delas esculturas de carneiros. Dalí entrou acompanhado por seu séquito de ninfas e efebos, relanceou o olhar sobre as peças, achou tudo aquilo uma *merde*, e saiu com seu bigode de pontas erguidas como se prestes a perfurar-lhe os olhos esgazeados.

Momentos depois, quando Hervé e eu estávamos em outra peça, Nena, sua mulher, veio ao nosso encontro, esbaforida e assustada. Seu marido perguntou o que acontecera. Ela contou que Dalí acabara de pedir a ela que ficasse nua sobre a cama, para que o Hervé visse. O efeito artístico que Dalí buscava, explicou ela, era a expressão do marido ao se deparar com a esposa naquela situação. Cumpre esclarecer que Dalí era um *voyeur*, gostava de ver os outros transando, mas não transava com ninguém, apenas gozava assistindo. Segundo diziam, ele costumava incentivar sua própria mulher, Gala, a manter casos com rapazinhos para que ele pudesse assistir, embora ela já fosse quase octogenária.

Depois desse circo todo, perguntei ao Hervé se podia entregar o livro ao Dalí. Pode, pode, disse ele, sem parecer muito abalado com a proposta surrealista feita à sua mulher. Aproximei-me então do *maître* e, atravessando o seu *entourage*, entreguei-lhe o livro, que continha uma dedicatória muito elogiosa do Gaiarsa. Dalí folheou o livro rapidamente e tudo que teve a me dizer foi:

— Minhas obras são publicadas no mundo inteiro e ninguém me paga os meus direitos autorais!

E devolveu-me o livro, grosseria inominável. Hervé desculpou-se pelo "amo" e, recomendando-me que deixasse aos seus cuidados o livro, o qual eu queria levar de volta, prometeu ajeitar as coisas.

Dias depois, recebi um telefonema dele: para minha surpresa e incredulidade, Dalí me convidava a ser seu hóspede na sua casa em Cadaqués, na Espanha.

Fiquei doze dias com ele e sua esposa Gala. Foi uma das melhores temporadas que já passei. Conheci um outro Salvador Dalí, homem educado, afável e simples, sem nenhuma das excentricidades barrocas do hotel, e agradecido pelo presente do seu admirador brasileiro.

Gala era a influência positiva sobre ele. Só na presença dela Salvador se permitia ser ele mesmo. Por sinal, ele nunca a levava às surubas que fazia no Le Meurice; quando iam a Paris juntos, ficavam em outro hotel, o George Cinq.

Quem criou Salvador Dalí foi Gala. Poetisa, dez anos mais velha que ele, era casada com o poeta Paul Éluard quando se conheceram. Nunca foi bonita, mas tinha um espírito forte, cultura e refinamento. Quando Salvador era apenas um jovem pintor talentoso e ávido por fama, ela trabalhou como sua empresária e assessora de imprensa. O casamento de ambos foi a união do talento com a inteligência. Gala mostrou o caminho das pedras a ele, ensinou-o a ser o louco que ele precisava ser, a se autopromover, a vender a sua imagem. Gala foi a mãe do surrealismo, a musa por excelência.

Em nossas conversas, Dalí manifestou apreço pela obra do pintor modernista e pernambucano Cícero Dias, mas o assunto sobre o qual falava comigo constantemente era um só: Darcílio Lima. Fascinado pelo seu aprendiz e discípulo, comentou que a pintora ítalo-argentina Leonor Fini também adorava o jovem cearense, considerado de fato uma referência no surrealismo. Eu ficava inflado de orgulho por causa do meu amigo.

Meu reencontro com Darcílio foi emocionante e inesquecível, sobretudo por causa do contraste enorme entre o que ele era e o que se tornou. O infeliz piolhento que eu conhecera na Casa das Palmeiras era agora um homem cultivado, envolto numa nuvem de perfume francês, de uma elegância proustiana tão impecável quanto seu bigode bem cuidado e encerado nas pontas. Graças ao patronato de Dalí, Darcílio se tornara um artista rico e famoso, com suas gravuras atingindo valores estratosféricos no mercado europeu de arte.

Estava morando ora num enorme e luxuoso apartamento no Quartier Latin, ora em Angers, a uns 300 km de Paris, num antigo e imponente castelo que servira de pousada a Hitler numa das idas secretas deste à França. Fui morar com ele naquela imensidão pétrea de paredes, escadas e sacadas, saindo da miséria total para o luxo absoluto. Minha vida foi sempre marcada por essas oscilações abismais, era sempre tudo ou nada, sem meio termo. Hoje estou no período descendente da Roda da Fortuna, o que significa que daqui para frente só tenho a ganhar.

Darcílio me apresentou à sua amiga, a pintora surrealista Leonor Fini. Autodidata como ele e versátil como só ela, pintou belos retratos, como o de Jean Genet, ilustrou primorosamente livros para crianças e obras de Baudelaire, Sade, Shakespeare e Edgar Allan Poe, concebeu máscaras para a Comédie Française, para a Ópera de Paris e para a Scala de Milão, além de desenhar o guarda-roupa da bailarina Margot Fonteyn no balé *Les demoiselles de la nuit*, com coreografia de Roland Petit, e os figurinos dos filmes *Romeu e Julieta* (1954) e *Satyricon* de Fellini. Foi amiga de Picasso, Dalí, De Chirico e Max Ernst. Mulheres fortes como ela eram tema recorrente na sua pintura, assim como esfinges e gatos — ela morava com vinte e três desses felinos, cinco a menos que a dra. Nise da Silveira.

Após meses de convívio, Darcílio e eu vínhamos nos desentendendo com frequência cada vez maior, apesar do afeto que nos unia. Se ele estava muito longe da sua nativa Cascavel, eu, mesmo em Paris, ainda cheirava ao capim de Jaboatão. E embora a sua genialidade fosse indiscutível, a consciência que ele tinha da própria superioridade o fazia parecer esnobe e desdenhoso com os demais, inclusive comigo. Meu amor e admiração por ele eram incondicionais, mas essa sua atitude, que ele tivera desde que ganhara o seu primeiro prêmio no Brasil, me magoava. Sem falar que éramos ambos jovens e intolerantes.

O pretexto que levou ao nosso rompimento foi ninguém menos que a cantora norte-americana Joan Baez, maior ídolo da música *pop* de então. Ela estava em turnê pela Europa, e como acontecia muitas vezes quando eu entrevistava alguém, nos tornamos amigos. Falei-lhe sobre Darcílio, bem-amado de Dalí, e ela quis muito conhecê-lo. Propus então uma sessão de fotos com os dois.

Compartilhando da aversão surrealista por tudo que é *pop*, Darcílio odiou a ideia e disse que não tiraria foto nenhuma com aquela "piranha". Tentei convencê-lo, mas ele foi inflexível. Uma discussão horrível se seguiu, e como eu havia bebido um pouco, tive uma das atitudes mais odiosas de toda a minha vida: apanhei uma tesoura e recortei as gravuras dele que eu possuía. Eram cerca de quarenta, cada uma avaliada em dezenas de milhares de francos. Darcílio chorava, enquanto a tesoura retalhava suas belas criações. Sinto-me mal só de me lembrar. A juventude, como disse um francês, é uma doença que o tempo cura rapidamente. Peguei minhas coisas e voltei para a rua, sem dinheiro, sem ter onde morar e tendo recém-destruído o meu patrimônio mais valioso.

Meu relato sobre esses expoentes das artes plásticas que contatei na Europa estaria incompleto se não fizesse menção ao pintor Balthus, outro gênio do surrealismo, que fui encontrar na Suíça, incentivado pelo ceramista Francisco Brennand, para quem cheguei a posar, lá em Recife, como modelo para seus croquis de são Francisco, o santo amigo dos animais e da pobreza, decerto por conta da minha barba rala de adolescente.

Era com entusiasmo que o célebre artista pernambucano me falava sobre esse franco-polonês contemporâneo de Picasso, Alberto Giacometti e amigo de Juan Miró, que vivia repetindo não ser um pintor moderno, embora no mundo inteiro fosse visto como tal. Balthus sempre rejeitou, ao longo de sua carreira, as convenções artísticas. Seu tema preferido — as adolescentes lânguidas — até hoje desafia os historiadores de arte. André Gide e Jean Cocteau eram amigos que frequentavam sua casa. Rilke foi seu mentor.

Quando desembarquei na pequena cidade de Rossinière, na Suíça, onde ele vivia com sua esposa japonesa, Setsuko Ideta, eu sabia quão difícil era encontrá-lo, ou mesmo vê-lo, pois, ao contrário de Dalí, esse surrealista era avesso a publicidade. Apenas precisei dizer que estava ali por recomendação e pedido de um dos seus discípulos brasileiros, Francisco Brennand, a quem Balthus havia recebido em Paris, no ano de 1952; isso bastou para que o mestre me concedesse cinco preciosos minutos do seu tempo.

6

Dois atores e seus personagens

Depois do meu rompimento com Darcílio fiquei sem ter onde morar e quem me salvou foi Stéphane Bourgoin, filho de um general que atravessou boa parte da China ao lado do líder vietcongue Ho Chi Minh. Stéphane, que era amigo de infância do presidente do Banque de Paris et Pays Basque, *monsieur* Rimbaud, conseguiu que eu fosse morar num quarto de empregada na casa dele, no oitavo andar da Avenue George Mandel, número 33; em troca, eu tomaria conta dos filhos de Rimbaud, de 7 e 9 anos. O mais velho, Vincent, tornou-se presidente da Peugeot para a América Latina até 2010.

Não me recordo do nome da minha primeira namorada em Paris, nem como a conheci, pois foi um relacionamento muito passageiro. Lembro-me apenas que foi na companhia dela que participei da minha primeira suruba parisiense.

Estávamos caminhando por Trocadéro à noite, quando uma Mercedes parou ao nosso lado, e da direção saiu um indivíduo muito elegante, que me cumprimentou e disse que a sua mulher gostaria de conversar com a minha. As duas trocaram algumas palavras, e então a minha garota me explicou que aquele casal nos estava convidando para uma *partouse*.

Era uma experiência nova para nós dois, de modo que concordamos prontamente e entramos no carro. No trajeto fiquei sabendo que o sujeito era um psiquiatra.

Chegamos num esplêndido apartamento, onde já nos aguardavam quatro outros casais na sala de estar. Lembro-me vagamente de ter ouvido algo sobre aqueles serem pacientes do nosso anfitrião.

Foram então transmitidas as regras da *partouse*: quem se interessasse por alguém, deveria se ajoelhar diante deste alguém. Eu imediatamente escolhi a mais linda francesa presente e me ajoelhei diante dela. No entanto, o marido dela começou a me hostilizar, puxando a mulher para si. Deviam ser neófitos, como nós mesmos. Não me restou alternativa além de voltar para o meu assento e continuar bebendo o meu drinque.

Egressa da cozinha, a bela esposa do psiquiatra disse: "*Je veux le brésilien*" [Eu quero o brasileiro]. Fiquei feliz da vida, achando que seria o primeiro a se dar bem por lá, e obedeci alegremente quando ela me pediu para tirar a camisa. Em seguida, nossa anfitriã foi ao seu quarto e voltou com um chicote na mão, ordenando-me que voltasse as costas nuas para ela.

Não quis nem saber. Eu já havia sido torturado no Brasil, muito obrigado. Ela explicou que aquilo só dava prazer, e indicou as costas do marido, cobertas de hematomas. Ver isso apenas piorou as coisas, e recusei resolutamente. Criou-se um mal-estar, porém eu já estava frustrado com a recusa do neófito em seguir as regras do jogo. Coloquei a camisa de novo e peguei minha garota. "Vim aqui para foder, não para apanhar", falei, indo embora.

Pouco depois conheci a futura mãe dos meus filhos, Raymonde Heuzé, bretona de nascimento, moça bonita, prendada, filha de ferroviários na cidade de Rennes. Hoje é ecologista engajada; então era *hippie*. Ela me parou numa rua do Quartier Latin e perguntou se eu tinha um franco para lhe dar. Gostei da jovem *mignone brunette* e a convidei para jantar em casa. Fomos juntos para o meu quarto de empregada, que nos obrigava a subir oito andares, diariamente, sem elevador, e a partir de então ela ficou morando comigo.

Foi o meu querido amigo Glauber Rocha, então exilado em Portugal, quem primeiro me recomendou outro jovem cineasta, o paulista José Mojica Marins, vulgo Zé do Caixão. Era um gênio, dizia ele, acrescentando que o cineasta Luís Sérgio Person também o considerava umas das maiores expressões do novo cinema brasileiro.

Mojica com certeza foi o rei do cinema marginal, capaz de produzir filmes de terror praticamente sem dinheiro algum, fazendo seus atores contracenarem com cobras, lagartos, aranhas, insetos e outras criaturas repugnantes; não era de estranhar que o homem da "câmera na mão e uma ideia na cabeça" o apadrinhasse. Como eu morava em Paris, Glauber pediu-me que eu ajudasse o seu protegido a conseguir espaço no mercado cinematográfico internacional, posto que no Brasil o trabalho de Mojica não era apreciado, mesmo quando a censura permitia que seus filmes macabros fossem exibidos.

Como todo pedido de Glauber era uma ordem, consegui que o meu amigo francês Stéphane Bourgoin, consagrado autor de literatura fantástica — seu último livro vendeu um milhão de exemplares — e um dos organizadores do Festival Internacional de Cinema Fantástico, já em sua nona edição, inscrevesse um dos filmes do Mojica na mostra. Estariam presentes grandes vedetes mundiais do cinema de horror, como o diretor Terence Fisher e os astros Christopher Lee e Peter Cushing (aquele parecido com o Michel Temer), entre muitos outros. A ocasião seria única para o brasileiro, que logo na primeira semana já teria assegurada a exibição do seu filme carro-chefe, *À meia-noite levarei sua alma*, estreia do personagem Zé do Caixão, um agente funerário sádico por cujo nome passou a ser conhecido o seu criador.

Esses horrores fictícios foram precedidos por outro bem real quando, no dia 7 de julho de 73 o voo 820 da Varig, vindo do Brasil, caiu no aeroporto de Orly, em Paris, causando 123 mortes. Entre estes estava o cantor Agostinho da Silva, e o senador Filinto Müller, cujo óbito deve ter causado mais alegria que consternação no Brasil, pois ele foi uma espécie de delegado Fleury da Era Vargas, dirigente da polícia política do Estado Novo e responsável pela prisão e tortura de dezenas de dissidentes, embora nada que se comparasse, em volume e truculência, à repressão da ditadura instaurada em 64.

No dia dessa horrível tragédia eu estava a caminho do aeroporto, precisamente para receber Agostinho dos Santos, inesquecível intérprete de "Manhã de Carnaval", que estava me trazendo documentos para a inscrição de Mojica, de quem era amigo, no festival. Ouvindo a notícia do desastre no rádio do táxi, pedi ao motorista que corresse para lá, e em poucos minutos enfrentávamos barreiras da polícia e exigências de credenciais. Nunca fui fotógrafo, mas naquela ocasião, por mero acaso, eu trazia minha modesta máquina fotográfica a tiracolo, e fui um dos primeiros jornalistas a chegar ao local da catástrofe.

Em meio à movimentação nervosa de bombeiros, policiais e funcionários do aeroporto, tirei várias fotos da carcaça da aeronave ainda fumegante e dos primeiros corpos, carbonizados e reduzidos a tamanhos mínimos, que começavam a ser retirados dos destroços negros. Minhas fotos foram enviadas por malote, naquele mesmo dia, no avião que fez a viagem de retorno ao Rio de Janeiro. Dezenas delas fariam história na edição extra da *Manchete*, publicada quarenta e oito horas depois. Em represália por tê-la exposto de modo tão profissional, a Varig me considerou *persona non grata* e durante anos fui impedido de voar em seus aviões.

Glauber me telefonou, assustado, pensando que o Mojica estivesse no avião, mas eu o tranquilizei: seu amigo ainda estava em São Paulo, fazendo as malas, e já providenciara novamente a documentação que se perdera, junto com Agostinho dos Santos, no voo acidentado.

— Você conhece o Zé pessoalmente? — perguntou-me Glauber. — É um horror... pior que os filmes que faz, só ele em pessoa! Excêntrico, debochado, irreverente, usa umas unhas enormes que o impedem de fazer as coisas mais elementares que qualquer ser humano faz em seu cotidiano: calçar uma meia, abotoar um botão, dobrar uma camisa, segurar uma xícara ou tirar um cisco do olho... sem falar no seu figurino quase *hippie*, vestindo eternamente roupas pretas e uma capa que com certeza nunca foi lavada.

Isso não era muito animador, mas eu já havia prometido ao Glauber que faria o possível pelo seu estranho amigo. Já estava tudo preparado para a chegada dele, seus contatos com a mídia agendados, inclusive a sua hospedagem no meu novo lar em Paris.

A chegada do Mojica no aeroporto de Orly, numa manhã de domingo, foi uma sensação. Dezenas de jornalistas, curiosos com relação àquele personagem *sui generis*, disparavam perguntas, principalmente sobre a metodologia do cineasta e os bichos peçonhentos que utilizava em cena, os quais, segundo ele, já haviam causado orgasmos em algumas atrizes. Sua inocência, primarismo e gagueira dariam o tom nas entrevistas, muitas vezes com respostas que não passavam de grunhidos, pois do francês o cineasta conhecia apenas aquele pão insosso vendido no Brasil. Servi como seu intérprete.

— Para mim — confessaria Zé do Caixão — o realismo fantástico é isso. Sempre fiz coisas para chocar mesmo, pois só assim a mídia fala do meu trabalho. Aprendi a chicotear para fazer meus filmes. Sei que precisava virar um Hitler ou um carrasco para fazer sucesso.

Levei meu novo hóspede para casa, onde começaria o calvário principalmente para Raymonde, a quem confiei a missão de, como anfitriã, ciceroneá-lo em tudo que ele precisasse para uma temporada confortável, inclusive o ajudando a se vestir e colocando-lhe os sapatos.

Sua noite de estreia no renomado Cine Rex, no centro da capital, fez enorme sucesso junto ao público francês tão afeito ao exótico e à novidade. Não é exagero dizer que Zé do Caixão disputou as atenções da noite palmo a palmo com Christopher Lee, o eterno conde Drácula.

Chegou o momento de José Mojica subir ao palco para falar sobre a sua criação. Se o raciocínio e o português dele eram de difícil compreensão até para os brasileiros na plateia, para nós, os intérpretes, foi um suplício. Com bastante esforço, conseguimos informar os presentes que o mundo acadêmico era um território muito distante do seu cotidiano (o que não era exatamente difícil de notar), e que ele não buscava subterfúgios e sutilezas pertinentes a um tipo de cinema que não praticava. O público gostou e aplaudiu ruidosamente. Falando de sua vida, o cineasta revelou que seus pais eram proprietários de nove funerárias na capital de São Paulo, onde nascera, e ainda contou, com a maior tranquilidade, que havia assassinado a facadas a sua mulher ao lado do amante dela. A plateia delirou, metade vaiando, metade aplaudindo.

Aos jornalistas, críticos e fãs que o assediavam na saída, José Mojica respondeu com a tranquila confiança dos vencedores:

— A pior coisa que existe para um artista é a indiferença, e isso não aconteceu aqui.

Na manhã seguinte, jornais espalhados sobre a mesa, tive que traduzir para ele pacientemente cada frase laudatória ou ridicularizadora. Para mim, no entanto, o mais constrangedor aconteceria na entrevista coletiva marcada para aquele dia: sem entender a maioria das perguntas sofisticadas de uma plateia de jornalistas, em geral intelectuais e formadores de opinião com sólida bagagem cinematográfica e cultural, meu hóspede dava respostas desconexas, sem pé nem cabeça, que confundiam até a mim. Como seu anfitrião e intérprete, coube a mim tentar dar alguma coerência àquela retórica estapafúrdia e me pus a inventar respostas, correndo o risco de que algum crítico ou repórter compreendesse português. Eu amava o Glauber, mas nessas horas tinha vontade de esganá-lo.

Restava mais um mico a pagar: Stéphane veio me dizer que o inglês Christopher Lee gostaria de ter uma conversa particular com o cineasta brasileiro. Seria, é claro, uma honra, se o Mojica conseguisse falar menos e ouvir mais. Comecei a preparar o meu repertório, desta feita mais sossegado por saber que, do idioma português, o ator britânico não conhecia uma palavra.

Lá fomos nós à requintada suíte em que o conde Drácula, sóbrio e elegante, impecável no vestir e no falar, nos esperava sem capas negras nem dentes pontudos, ao contrário do convidado brasileiro, sempre com sua indefectível capa desbotada, cabelos desgrenhados e orgulhoso de suas unhas longuíssimas, bem mais repulsivas que macabras, como ele pretendia.

Após as saudações mútuas de praxe, o astro consagrado e premiado cumprimentou o colega por sua ousadia, criatividade e *resourcefulness*. Fiquei inicialmente tranquilizado pelo silêncio do Mojica, mas foi por pouco tempo. Logo que ele abriu a boca, senti que a pedreira começava a desabar:

— Por favor, traduza para ele que venho com um convite concreto.

A frase curta e direta não me permitia floreios nem acréscimos. Traduzi ao pé da letra, e *mister* Lee, simpático e cordato, aguardou pelo resto.

— Diga a ele — disse José Mojica — que quero levá-lo ao Brasil para ser o ator principal do meu próximo filme, a versão brasileira de *O exorcista*.

Eu não podia acreditar que ele queria mesmo dizer aquela monumental cretinice ao Christopher Lee. Sussurrei-lhe:

— Zé, você quer mesmo que eu traduza isso?

Ele insistiu que sim, e eu, com um sorriso amarelo, traduzi, ao que Stéphane Bourgoin, como se ali representasse o distante Glauber Rocha, explodiu:

— Genial! Genial!

Educadamente, Christopher Lee deu uma resposta vaga qualquer, do tipo "vamos ver" ou "quem sabe", e a conversa terminou, graças a Deus. José Mojica Marins deu um novo significado, para mim, ao termo "vergonha alheia".

Dali para frente, a carreira dele decolou. Naquele mesmo ano foi premiado na Espanha, no Festival de Cine Fantástico y de Terror, em Sitges; no ano seguinte ganhou o prêmio L'Écran Fantastique, em Paris, no quesito originalidade, e em 75 o prêmio Tiers Monde, da imprensa especializada, na III Convention du Cinéma Fantastique. Por fim, os filmes dele foram parar nos Estados Unidos, onde uma pequena legião de gringos se encantou com "Coffin Joe".

Depois que, aliviado, embarquei o Mojica no aeroporto de Orly, voltei à minha agenda esotérica e pauta surrealista: uma semana depois já estava viajando para a lindíssima Gstaad, sofisticada estação de esqui nos Alpes suíços, a fim de me encontrar com ninguém menos que o grande filósofo e místico indiano Krishnamurti. Sem condições de levar Raymonde comigo, fui sozinho.

Juntamente com a fundadora da teosofia Helena Blavatski, Jiddu Krishnamurti foi o responsável pela introdução do conceito de guru no Ocidente, o que era irônico, visto que ele não gostava de ser chamado de guru.

Nascido de uma família brâmane em Madras, 1895, foi ungido aos dezesseis anos o novo Messias e instrutor do mundo pela Sociedade Teosófica, na pessoa de sua diretora, Annie Besant, sucessora de Blavatski. Fundou-se a Ordem da Estrela do Oriente, que ele passou a chefiar e que se transformou numa milionária organização internacional, cuja finalidade era a preparação da humanidade para o advento do "Instrutor do Mundo".

Chegando à idade adulta, Jiddu rebelou-se contra o papel que lhe fora imposto desde criança. Começou a dizer coisas diferentes e perturbadoras, como por exemplo que seus seguidores deviam pensar por si próprios, sem esperar que um guia lhes apontasse caminhos a seguir, e que não deviam reconhecer a autoridade espiritual de ninguém, nem mesmo dele. Por fim, em 1929, renunciou aos títulos conferidos pela Sociedade Teosófica e dissolveu a Ordem da Estrela do Oriente. Quando lhe perguntaram por que o fizera, ele respondeu:

"Pode a verdade ser organizada? Você pode encontrar a verdade através de uma organização? Elas estão baseadas em diferentes crenças. Crenças e organizações estão sempre separando as pessoas, excluindo umas das outras. Você é um hindu e eu sou um mulçumano, você é um cristão e eu sou um budista. Crenças, ao longo de toda a história, atuaram como uma barreira entre os seres humanos. Falamos de fraternidade, mas se você tem uma crença diferente da minha, estou pronto para cortar sua cabeça; temos visto isso acontecer inúmeras vezes".

E acrescentou:

> Eu sustento que a verdade é terra não trilhada e que não a alcançareis por nenhum caminho, nenhuma religião, nenhuma seita. Desejo que todos os que queiram compreender-me sejam livres, não para me seguirem, não para fazerem de mim um modelo que se torne uma religião ou uma seita. Deverão antes estar livres de todos os temores. A verdade não dá esperanças; dá compreensão. E não há compreensão no culto das personalidades. Continuo afirmando que todas as cerimônias são desnecessárias ao crescimento espiritual. Aquele que quiser procurar a verdade precisa sair, ir para bem longe das limitações da mente e do coração humanos, e ali descobrirá a verdade que está dentro de si próprio.

Krishnamurti radicou-se posteriormente na Califórnia, e passou a divulgar seus ensinamentos através de conferências e livros, tendo percorrido quase todo o mundo. Terra de celebridades, bilionários, estrelas de cinema e uma das mais caras estações de inverno do planeta, Gstaad era também o local onde o mestre indiano passava os verões. A exuberante e amena primavera europeia acolhia milhares de seguidores vindos de toda a Europa para aquela temporada anual de palestras e debates, que durava duas semanas. O grande místico dava suas conferências em bonitas tendas brancas armadas a pouca distância do seu chalé, e para elas convergiam caravanas de peregrinos.

O acesso a um homem desses era quase tão difícil quanto ao papa, mas eu tinha um trunfo na manga. Ele já estivera no Rio de Janeiro, em 1935, e fora hóspede do avô da minha ex-mulher, Liana, um português bem-sucedido chamado Adriano Maurício, espécie de mecenas espiritualista, fundador dos fogos de artifício Adrianino. O local que hospedou Krishnamurti era um belo casarão de pedras, na bucólica rua dos Araújos, na Tijuca, cercado por impressionantes árvores frondosas, a maioria frutífera, e o bairro, na época, em nada se parecia com o perigoso antro de criminosos que é hoje. Munido com preciosas e amareladas fotos de família comprovando esse vínculo, embora tênue, entre nós, consegui a entrevista.

O belo, silencioso e acolhedor jardim de inverno onde ele estava instalado tinha a aparência de um templo quase secreto e frequentado por pouquíssimos escolhidos. O homem que Khalil Gibran chamou de "Senhor do Amor" tinha estatura mediana, pele escura, cabeleira toda branca, sorriso de dentes impecáveis, olhar plácido, sandálias nos pés e nada que denunciasse os seus quase oitenta anos. Ao me ver, Krishnamurti se levantou sem pressa e abraçou-me com ternura. Após uma breve conversa sobre amenidades, fiquei hospedado num quarto simples daquele chalé pelo resto da nossa curta viagem. Para mim, foi quase um retiro espiritual, bem diferente àquele proporcionado pelos padres que me recolheram da rua na minha infância.

A distância do meu chalé até o local das conferências matinais me propiciava uma caminhada cotidiana quase sagrada em companhia do mestre, com passos lentos, meditação e poucas palavras. Isso não o impedia, contudo, de algumas amenas reflexões sobre o exercício de sua missão no mundo. Minhas perguntas inconvenientes eram rechaçadas com a elegância de um ser muito próximo da santidade:

— Seguidores não me dizem absolutamente nada — disse ele, quando, em minha ingenuidade, mencionei os milhares de leitores e adeptos de sua obra espiritualista no Brasil.

Era óbvio que minha atitude excessivamente reverente o incomodava, assim como o meu assédio de repórter. Durante duas semanas, todos os dias, bem cedo, eu ficava rondando, tocaiando às escondidas, os seus aposentos particulares naquela mansão onde se respirava espiritualidade, à espera que a porta se abrisse. Sem jamais me convidar para lhe fazer companhia no seu solitário café da manhã, que degustava em postura de oração, ele acompanhava com olhares discretos minhas andanças pelo bosque que lhe servia de jardim. Sabia que eu aguardava o momento de sairmos rumo às conferências, o instante mais precioso para mim naquela temporada.

Numa oportunidade única ele indagou sobre a expansão da teosofia em território brasileiro; em outra, perguntou se eu não tinha vontade de parar de fumar. Sobre o Brasil, falou apenas que a imensidão territorial do país o impressionara. Nessa viagem pelo continente latino-americano também passara pela

Argentina e Chile, mas a acolhida brasileira é que o levara a programar um retorno que não ocorreu até a sua morte, em 1986, aos 90 anos.

A despedida de todos com os quais convivi naquela casa, do próprio Krishnamurti, de sua secretária, madame Zimbalist, motoristas, jardineiros e outros, foi comovente e inesquecível. Embora nem de longe o mestre deixasse transparecer, tenho certeza que ele ficou tão aliviado ao me ver pelas costas quanto eu ao me despedir do José Mojica pouco antes. Na locomotiva suíça que me levou de volta montanha abaixo senti um certo mal-estar, como se já previsse o que me aguardava em Paris.

A primeira má notícia, da qual tive conhecimento logo que cheguei, foi que Cláudio Mello e Souza não mais dirigia a sucursal da revista, e que Adolpho Bloch confiara o cargo a um ex-chefe de orquestra que havia conhecido num dos tantos cabarés de Paris e do qual ficara amigo: Sílvio Silveira. Havíamos sido rapidamente apresentados antes do meu embarque para a Suíça, quando os rumores da sua possível nomeação corriam sem crédito pela redação. Homem elegante, de fino trato, fiel cumpridor de todas as ordens que recebia do clã Bloch — desde compras de remédios às sofisticadas gravatas Hermès —, Sílvio seria o homem perfeito se, por acaso, aquela empresa também não fosse de comunicação.

A segunda notícia era de longe a pior.

Tão logo me viu saindo do elevador, Sílvio veio em minha direção de braços abertos e com uma expressão compungida no rosto.

— Recebemos há alguns dias um telex do Brasil avisando que a sua mãe faleceu. Estamos consternados, acredite! Além disso, avisaram que a sua família precisava de dinheiro para o sepultamento. Achei melhor esperar o seu retorno para comunicar tudo isso pessoalmente.

Computadores não existiam ainda, as notícias urgentes eram transmitidas via telex. Peguei mecanicamente aquele pedaço de papel amarelado e picotado (eram assim os telex), li e reli o texto e a data. Dona Tita, minha milagrosa mãe, havia morrido em 13 de junho de 1973, ou seja, mais de uma semana antes. Ninguém se dignara a me avisar; haviam, como disse o Silveira, esperado para me dar a notícia pessoalmente. Por quase dez dias. Sem dizer que a *Manchete*, que pagava seus colaboradores e *freelancers* com infalível atraso, me devia então cerca de quatro mil dólares.

Antes que minhas lágrimas transbordassem, ainda tive tempo de me dirigir até o reluzente salão de lustres de cristal. Sílvio apenas me seguia, com olhar inquisidor. Chegando à mesa onde estavam as máquinas fotográficas, escolhi a melhor, a mais sofisticada, a mais cara de todas, e arremessei-a contra a parede espelhada, provocando o desmoronamento ruidoso daquela riquíssima peça de arte francesa, reduzida a um milhão de cacos tilintantes.

Mas nem esse desabafo, que obviamente acarretou minha segunda e final demissão da *Manchete*, aliviou-me a alma, pois não demorei a saber que a máquina que eu fizera em pedaços era do meu amigo Alécio de Andrade. Só consegui comprar-lhe uma nova muitos anos depois, quando trabalhava na Unesco.

7

Um especialista em óvnis abduzido

Os discos voadores estavam em voga nessa época de caos político. Incomodadas com o que viam na Terra, as pessoas buscavam respostas no céu, inclusive recolhendo no mesmo saco tudo que caía de lá, por influência do livro daquele suíço que identificou os deuses com astronautas.

Sempre à frente, a França estava na vanguarda da ufologia. Um dos temas mais veiculados na mídia eram os óvnis (em francês a sigla é a mesma que em português, ovni, "Objet Volant Non Identifié") e o então ministro da Defesa do governo de Giscard d'Estaing, o impetuoso Robert Galley, quase todos os dias ameaçava abrir os dossiês secretos do seu ministério, alegando que o governo de seu país sabia muito mais do que se imaginava sobre a existência de discos voadores e seus tripulantes extraterrestres.

Como, apesar disso, o dinheiro não estava exatamente caindo do céu para mim, sobretudo após minha segunda demissão da

Manchete, em 73 pedi socorro ao meu ex-colega de redação, o jornalista José Itamar de Freitas, ex-diretor da revista *Pais & Filhos* e criador, além de primeiro diretor, do programa *Fantástico*, na Rede Globo. Sugeri a ele uma série de reportagens sobre óvnis e uma matéria com Galley. A redação do *Fantástico* no Rio deu sinal verde, e fui literalmente me instalar à rue Saint Dominique, onde fica a sede do Ministério da Defesa, aguardando uma *convocation de monsieur le ministre à la télévision brésilienne*. Duas semanas depois, os telespectadores brasileiros seriam brindados com uma entrevista exclusiva do ministro francês, na qual este confirmava a existência dos discos voadores.

Sem jamais ter sido especialista em matéria nenhuma e vivendo de minha parca notoriedade como repórter, esses furos de reportagem me renderam dividendos na mídia francesa como "renomado jornalista especializado em discos voadores". Para consolidar minha recém-adquirida reputação de ufólogo ou *expert* em óvnis, foi lançado em 1974 um livro de muito sucesso comercial, intitulado *La nouvelle vague des soucoupes volants* [A nova onda de discos voadores], no qual sou citado como autoridade no assunto (*"Carlos Marquès, mon confrère brésilien"*).

O autor, Jean-Claude Bourret, era um famoso repórter e apresentador de TV, espécie de William Bonner francês. A última notícia que ouvi dele foi que, sempre aficionado pelo misterioso, publicou em 2010 um livro em dois volumes sobre a terrível Fera de Gévaudan, que no ano de mil setecentos e bolinha matou uma centena de camponeses, sem ninguém saber até hoje que bicho era aquele.

Uma coisa puxa outra, e graças a essa citação providencial recebi um telefonema dos Estados Unidos. No outro lado da linha estava ninguém menos que o astrofísico da NASA, J. Allen Hyneck, naquela época o mais célebre cientista dedicado ao tema dos *flying saucers*. Além de professor universitário, ele havia sido assessor científico em três estudos ufológicos do Projeto Livro Azul (1952-1969), de grande reputação no mundo acadêmico, e também consultor especial no filme de Steven Spielberg, *Contatos imediatos do terceiro grau*.

De seu escritório em Houston, o secretariado dele me pediu cópia completa da entrevista do ministro francês e me convidou para uma conferência com o astrofísico em seu território, para onde voei, com direito a auxiliares, intérpretes e reluzente limusine à minha espera no aeroporto.

Fascinado com a possibilidade de ampliar suas pesquisas no Brasil, o austero astrônomo norte-americano fez a proposta inevitável e encontramos meios para programar a sua vinda ao país, onde conseguimos para ele um discurso no Congresso Nacional, em Brasília. A mídia brasileira assim cobriu essa visita, em artigo de Aramis Millarch, publicado originalmente a 27 de agosto de 1975, no jornal *Estado do Paraná*:

> Como o professor Allen Hynek, diretor do Departamento de Astrofísica e Astronomia da Universidade de Northwestern, EUA, apesar de toda sua intimidade com os Objetos Voadores Não Identificados, necessita, ainda, voar em objetos convencionais — ou seja, os aviões comerciais —, o jornalista Carlos Marques, coordenador do 1º Simpósio Internacional de Ufologia, passou a última semana dando tratos à imaginação para conseguir recursos que permitissem enviar a passagem aérea, garantindo a presença de Hynek no encontro que será realizado em Curitiba, a partir do dia 12

de setembro. Apesar de promessas oficiais, até agora os coordenadores do seminário ufológico não tiveram auxílio concreto, para o encontro que trará ao Brasil (e a Curitiba) os mais sérios pesquisadores em Discos Voadores. O professor Allen Hynek falará no dia 10 na Comissão de Ciência e Tecnologia da Câmara Federal e muitas autoridades, inclusive ministros de Estado, já confirmaram interesse em assistir ao maior entendido em *Unidentified Flying Objects*, que durante 22 anos foi conselheiro dos EUA neste setor.

A visita de Hynek durou apenas quatro dias, mas foi tempo suficiente para o começo de uma amizade que, pouco depois, o traria de volta duas vezes a plagas brasileiras, onde a ditadura dava sinais de luz no fim do túnel.

A exemplo dos colegas franceses, altos oficiais da Força Aérea Brasileira (FAB) também se mostravam desejosos de trazer à luz seus estudos e pesquisas, então confidenciais, sobre os discos voadores que cruzavam céus brasileiros. Aliás, de modo geral, houve muito apoio dos militares a essas conferências ufológicas: a segunda visita de Hynek, em 1979, foi para participar do 1º Congresso Internacional de Ufologia, promovido pelo general Alfredo Moacyr de M. Uchôa, e a terceira ocorreu em 1983, para a segunda edição desse evento em Brasília. Até o então presidente Figueiredo demonstrou entusiasmo pelo tema, ele que só se entusiasmava com cavalos. Afinal, era do interesse dos milicos que a população olhasse para o céu, para não ver o estrago que eles faziam na sua terra.

Mas isso foi depois. Ainda em 74, a citação no livro de Bourret rendeu-me outro presente, que revelou ser de grego: um convite para participar de uma mesa redonda na televisão argentina, sobre óvnis, esoterismo, parapsicologia, teosofia, etc. Considerado um especialista em todos esses assuntos sobre os quais apenas fizera frilas para não morrer de fome, parti com Raymonde para Buenos Aires, em troca de alguns punhados de pesos, precedido de uma aura não somente ufológica, como também mística, devido ao meu propalado encontro com Krishnamurti.

O desembarque na capital portenha propiciou os meus quinze minutos de fama, incluindo holofotes, câmeras, cachê e hotel cinco estrelas, tudo para assegurar audiência ao programa que eu faria em rede nacional.

Digo "faria" porque não fiz. Três dias após minha chegada, ainda nos ensaios preparatórios, o governo argentino decidiu finalmente anunciar o tão especulado falecimento do general Juan Perón, presidente da República. Segundo muitos ele já havia morrido dias antes, e a contestada ascensão à presidência de Isabelita Perón, sua viúva e vice, fazia com que os militares adiassem o anúncio oficial.

A Argentina inteira parou. Eu mesmo nada tenho a dizer sobre a morte do caudilho, além do que o mestre Sebastião Nery contou em *A nuvem*:

> No dia em que Perón foi derrubado, em 1955, a imprensa foi entrevistar o grande poeta Jorge Luis Borges, que havia sido por ele demitido da Biblioteca de Buenos Aires, e estava na varanda de sua casa, lendo. Borges disse apenas:
> — O Exmo. senhor general e ex-presidente da República, Juan Domingo Perón, é um canalha.
> Quase vinte anos depois, já cego, Jorge Luis Borges estava na varanda de sua casa ouvindo a secretária ler para ele,

quando a imprensa chegou para ouvi-lo sobre a morte de Perón. Borges:

— O Exmo. senhor general e ex-presidente da República, Juan Domingo Perón, *era* um canalha.

Canalha ou não, o fato é que, em virtude da comoção nacional causada pela morte dele, o programa foi suspenso temporariamente. O que eu faço? Volto para Paris? Não, fica aí, disse a emissora. Haveria uma semana de luto oficial e o programa seria reagendado.

Permanecemos no hotel, por conta da TV. Como milhões de argentinos, assisti às transmissões dos funerais, na minha ampla suíte. Peronistas, esquerdistas, direitistas e outros "istas" faziam fila para dar o último adeus ao finado marido de Evita, debulhando-se em lágrimas pelo homem que lhes havia arruinado o país.

Impaciente como sempre, ao cabo de quatro dias cansei de ficar de braços cruzados e pus-me a rever os diversos planos B armazenados na cachola para ocasiões como aquela.

Decidido a entrevistar Isabelita, comecei a acompanhar a movimentação da primeira mulher no mundo a ocupar o cargo de presidente da República. Mas era quase impossível, mesmo para um "correspondente francês", como eu me apresentava, pois além de a mulher viver cercada, ninguém se aproximava da nova presidenta sem o aval do seu recém-nomeado ministro do Bem-Estar Social, o sinistro José López Rega, eminência parda do novo regime e verdadeiro dirigente da nação.

Terceira esposa de Perón, Isabelita tinha sido dançarina de cabaré (Evita fora atriz, parece que o caudilho adorava patrocinar as artes), e no país inteiro se sabia que López Rega fora quem, no Panamá, apresentara a dançarina ao velho general, então no exílio após ser deposto por seus colegas de caserna. Rega foi o alcoviteiro dessa relação amorosa que a elevaria a primeira-dama e também vice-presidente, depois do retorno de Juan Perón ao seu país e ao poder, em 73.

Conhecido como "El Brujo", esse López Rega havia se aproximado dos poderosos por meio de seus supostos conhecimentos e práticas ocultistas, chegando a escrever livros sobre astrologia e espiritualidade. A ascendência dele sobre a presidenta foi igual à de Rasputin sobre a czarina Alexandra. Segundo se dizia, quando ela era apenas amante de Perón, López havia prometido que a tornaria vice-presidente da Argentina e a nova Evita, para isso realizando uma espécie de cerimônia mágica no túmulo desta, em que supostamente transferia o espírito da "rainha dos descamisados" para o corpo de Isabelita. Alguns acreditam que esse charlatão inspirou a autora da telenovela *O astro*, Janete Clair, na criação do seu personagem Herculano Quintanilha.

Assim, meu plano brilhante para conseguir o tão almejado acesso à *entourage* presidencial foi o de pedir entrevista não com a presidenta, mas com seu ministro El Brujo, assegurando que eu não estava interessado de modo algum em conversar com ele sobre assuntos mundanos, mesquinhos, como política e governo, mas somente sobre temas elevados, excelsos, como parapsicologia e espiritualidade, sendo o excelentíssimo López Rega uma reconhecida autoridade nessas questões.

Acontece que o Rasputin portenho tinha um lado bem mais negro e menos místico. Ex-policial, havia fundado o *escuadrón de la muerte*, responsável por sequestrar e assassinar centenas de militantes de esquerda na Argentina. E mesmo sabendo disso, resolvi pisar num campo minado.

Pois, ao mesmo tempo em que tentava me aproximar de El Brujo e, por tabela, da presidenta, entrei em contato com meus companheiros do tempo da militância de esquerda, as únicas pessoas que eu conhecia em Buenos Aires. Um desses era Eduardo Galeano, autor do livro *As veias abertas da América Latina*, que me encaminhou ao seu amigo Quino, o desenhista criador da Mafalda.

Quino me recebeu com o afeto dos companheiros de luta. A casa dele era frequentada pelos revolucionários montoneros, organização de guerrilha urbana que, outrora aliada de Perón, foi renegada por este pouco antes de sua morte e agora se encontrava na clandestinidade. Eles mantinham os famigerados "cárceres do povo", buracos em que os indivíduos sequestrados pelo grupo ficavam aprisionados, à espera de resgate.

Os montoneros e seus "cárceres do povo" dariam um furo de reportagem bom demais para ser ignorado. Eu venderia a preço de ouro tanto as matérias que pretendia publicar em Paris quanto as fotos inéditas que levaria na bagagem. Eles mesmos deram a maior força. Então você é jornalista na França? *Que bueno*, vamos dar cobertura internacional à nossa luta!

Levavam-me aos seus núcleos, espalhados nos arredores de Buenos Aires, e me deixavam fotografar tudo, líderes, prisões, reféns detidos e ocasionalmente executados. Meu histórico de engajamento político, prisão e tortura me assegurava credibilidade e livre trânsito junto aos revolucionários argentinos.

Nesse meio tempo, consegui o tão almejado acesso a El Brujo, que me recebeu na Casa Rosada e ficou encantado comigo e com minha conversa sobre Krishnamurti, chacras, corpo psicossomático, projeção astral e, claro, minha especialidade: discos voadores. O fato de morar em Paris também me ajudava, pois todo argentino endinheirado se crê um europeu no exílio.

Mantivemos longos papos esotéricos no palácio, ao cabo dos quais ele me pegava pelo braço e dizia: "*Che* Carlos, vamos jantar no Olivos", referindo-se à residência oficial dos presidentes argentinos. E foi assim que, numa tarde de domingo, fiquei cara a cara com as duas personalidades mais poderosas do país: a presidenta e seu ministro do Bem-Estar Social. À mesa com ele e com Isabelita, escutei-o dizendo a ela "*cállate*", mandando a presidenta da República calar a boca! O presidente de fato era ele, não resta dúvida.

Nos dias que se seguiram, passei a circular com relativa desenvoltura pelos corredores da Casa Rosada, com acesso aos gabinetes oficiais. Eu nem precisava mostrar documentos quando entrava. De vez em quando, na sala do ministro ou na antessala, o chefe da segurança tirava um pacotinho de cocaína, batia umas fileirinhas brancas com esmero e profissionalismo, e todos cheirávamos. Mais tarde vim a saber que esse comandante da guarda pessoal de El Brujo era um dos traficantes mais influentes do país. Por estar na intimidade de semelhante segredo sujo do poder, tornei-me mais próximo deste; e todo mundo sabe o que acontece com gente comum que "sabe demais".

A emissora de TV me avisou que o programa havia sido cancelado, provavelmente porque os outros convidados da mesa redonda não puderam ficar, entre outros motivos de força maior. Eu estava livre para voltar a Paris.

Dessa vez, no entanto, optei por permanecer em Buenos Aires, pois estava no meio do trabalho de cobertura dos montoneros e seus cárceres privados subterrâneos. Mas como a emissora não continuaria pagando o hotel luxuoso em que estávamos, e eu não tinha condições de bancar as diárias dele, alugamos um quarto num *alojamiento*, que na Buenos Aires da época era sinônimo para "hotel de putas" ou "puteiro". Hospedado lá, dei prosseguimento à minha vida dupla de amigo dos dirigentes autoritários do país e dos seus opositores mais radicais, visitando El Brujo e Isabelita de um lado, Quino e os montoneros de outro, e a cada dia sabendo mais coisas que não devia, e tirando fotos cada vez mais comprometedoras.

Com o dinheiro quase acabando, me aproximei, na esperança de conseguir alguma boca-livre, de um figurão riquíssimo chamado Anchorena, herdeiro da maior família de *ganaderos* da Argentina, que me convidou para passar o fim de semana em sua enorme fazenda, nos arredores da capital. No entanto, o que prometia ser um fim de semana muito agradável, com passeios a cavalo e hospitalidade classuda, acabou azedado pelo filho desse estancieiro, um jovem oficial do exército, todo orgulhoso por estar fazendo, nos EUA, um curso de especialização em interrogatório e tortura.

Só me ausentei de Buenos Aires em uma ocasião, quando, quase na penúria, peguei um avião para São Paulo, onde me encontrei rapidamente com o Ignácio de Loyola Brandão, que era o diretor da *Planeta*. Vendi a ele umas fotos da Isabelita e do López Rega para a revista, embolsei a grana e voltei para a capital portenha. Antes não tivesse voltado.

Continuei minha perigosa rotina de sair da Casa Rosada para a casa do Quino, e vice-versa. Na minha ingenuidade, eu achava que podia frequentar a sede do governo e a residência oficial da presidenta "*como Pedro por su casa*", sem meus passos serem cuidadosamente monitorados, ou que não havia problema algum em deixar as incendiárias fotos dos reféns dos montoneros — com as quais eu tinha esperança de faturar uma grana preta — num hotel de putas. O país fervilhava nesse fogo cruzado entre governo e guerrilha, e eu estava no meio. Só podia dar no que deu.

Eu temia que me acontecesse o mesmo que àquele corvo da fábula de La Fontaine, que se enfeita com plumas de pavão e se infiltra num bando de pavões, tentando passar por um, mas é desmascarado, expulso, e quando volta para o seu bando de corvos, estes também o renegam como um vira-casaca. O que me aconteceu foi bem pior.

No dia da nossa volta à França, numa noite portenha muito fria, quando estávamos saindo do *alojamiento* e atravessando a rua, Raymonde e eu nos vimos cercados de metralhadoras. Fui espancado, socado e jogado dentro do porta-malas de um carro, sem dúvida por um grupo paramilitar enviado por meu bom amigo El Brujo. O carro ficou dando voltas durante um tempo que pareceu não terminar nunca, e eu enclausurado no seu bojo, afligido por pressentimentos mais negros que os corvos que adejaram sobre a cabeça de Graco no dia de sua morte.

Minha memória do que ocorreu é nebulosa, pois a mente não funciona direito numa hora dessas, em meio ao pavor, à tensão, aos maus tratos e coronhadas. Lembro-me de alguns interrogatórios truculentos em lugares afastados, pelos arrabaldes da cidade, onde não fui propriamente torturado, se porradas não contam como tortura.

Não dedurei o Quino, mas ele já tinha sido entregue pela Raymonde. Minha mulher, depois do meu sequestro — eu soube depois —, foi levada para o quarto do *alojamiento* e obrigada a entregar aos agentes as fotos que eu tirara dos "cárceres do povo", dos montoneros, da Isabelita, todas juntas no mesmo lote, e também os endereços do Quino e dos guerrilheiros.

Por sua notoriedade, o cartunista não foi preso, mas se mudou para Milão pouco depois.

Depois de interrogado por umas cinco ou seis horas, fui entregue, em condições não menos que deploráveis, aos carcereiros de alguma delegacia infecta, que me jogaram numa cela abarrotada, mais cheia que aquela em que eu ficara no DOPS. Devia ter uns duzentos presos, todos argentinos, muitos deles montoneros — cheguei a reconhecer alguns.

A única frase que recordo ter ouvido deles com insistência me apavora até hoje:

— *Brasileño... vas a morir!*

Eu corria mais risco de vida que todos os presos argentinos, pois estes eram subversivos "de casa", por assim dizer, ao passo que todos os presos brasileiros na Terra da Prata, à época, eram terroristas procurados por duas ditaduras, a brasileira e a argentina. Se os militares argentinos comunicassem aos colegas de caserna brasileiros que eu estava com eles, o SNI simplesmente responderia: "Dá um sumiço nesse comuna". Por ser brasileiro, eu não tinha a menor chance.

"Brasileño, vas a morir... Brasileño, vas a morir!..."

Em meio àqueles augúrios sinistros, meus ouvidos conseguiram discernir outra frase: que eu só me salvaria se conseguisse ir para o hospital. "*El hospital!... El hospital!...*"

Mais por instinto que racionalmente, compreendi que precisava ser hospitalizado para sobreviver, embora isso soe como um contrassenso. Pedi então que abrissem caminho entre mim e a parede, e arremeti de cabeça contra ela, no gesto mais desesperado de toda a minha vida. O sangue jorrou, uma cortina vermelha translúcida cobrindo-me a vista. Solidários, os presos desataram a chamar os carcereiros em altos brados, golpeando as barras da cela, a fim de que eu fosse levado à enfermaria. O barulho reverberava ao meu redor, mas ao mesmo tempo parecia estranhamente remoto.

Não me lembro bem do que aconteceu em seguida, pois minha cabeça ficou temporariamente impossibilitada de assimilar informações de modo organizado. Fui levado, é certo, para a enfermaria. Claro que não podia contar com ajuda alguma das autoridades diplomáticas brasileiras para sair do país. Em algum momento minha mulher chegou à delegacia, preocupada com o fato de que eu andava com maconha no bolso. Tentei contatar, sem sucesso, o Ministério do Bem-Estar Social, num esforço patético de pedir ajuda ao mesmo homem que havia mandado me prender.

Até hoje não sei como vivi para contar esta história. Talvez minha vida tenha sido poupada pelo mesmo motivo que havia sido notada: por eu ter vindo da França. Se eu tivesse vindo do Brasil, meu sumiço não seria divulgado no meu país, que padecia sob a fase mais negra da ditadura; na França, contudo, alguém poderia fazer perguntas, sobretudo porque eu coabitava com uma cidadã francesa.

O fato é que fui expulso do país, com ameaças expressas de que o retorno me custaria a vida, jogado literalmente na fronteira e colocado num ônibus para Porto Alegre. A "abdução" toda não durou, talvez, mais de 48 horas. Dei as costas a "*mi Buenos Aires querido*" todo dolorido e com a cabeça rachada, deitado a noite inteira no corredor do veículo, morrendo de medo porque no Brasil a minha cabeça estava a prêmio. Eu escapava de ser devorado por um tubarão para cair num lago cheio de piranhas.

O saldo do meu tango argentino teria sido totalmente negativo, se não fosse pelo nascimento do meu primeiro filho com Raymonde, Apoena, gerado durante essa contradança.

De Porto Alegre fui para o Rio, ainda escondido, e comecei a tentar sobreviver algum tempo no Brasil, antes de conseguir voltar para o meu exílio voluntário na Cidade Luz. Ficar de vez na terrinha, nem pensar.

8

Dez anos depois

DE VOLTA A PARIS, e com o nascimento do nosso primeiro filho, a luta pela sobrevivência foi se tornando uma guerra. Com as oportunidades de trabalho jornalístico cada vez mais escassas, precisei recorrer a outras atividades para sobreviver, como vendedor, guarda noturno, e por pouco não virei traficante de drogas, ofício que teria me rendido um bom dinheiro, mas para o qual me faltava *know-how*.

Como Raymonde e eu éramos completamente irresponsáveis, tivemos outro filho em meio àquela situação de penúria, a qual não impedia que de vez em quando eu visitasse o Brasil à procura de alguma oportunidade de trabalho. Numa dessas viagens nasceu Taoana.

Anos depois eu relembraria esses momentos preciosos na canção "Mulher", que compus para a trilha sonora do meu *Couleurs Brésil*, filme em 360 graus, orçado em nove milhões de francos e visto por mais de quinze milhões de pessoas no Parc du Futuroscope, França:

Mulher,
és uma casa de menino
para mim és um abrigo
e eu brigo pra ficar dentro de ti.

Mulher,
és uma terra semeada
e eu sou semente ofertada
para brotar dentro de ti.

O parto ocorreu no hospital da polícia militar de Pernambuco, no bucólico bairro do Derby. Os médicos optaram por uma cesariana e me autorizaram a assisti-la. Era uma tarde ensolarada de domingo e, não longe dali, no estádio da ilha do Retiro, tinha lugar o clássico do futebol pernambucano Santa Cruz vs. Sport.

Lembro-me perfeitamente da cena aflitiva: Raymonde deitada, o ventre literalmente aberto, ensanguentado, o bebê sadio recebendo cuidados das enfermeiras, rádio ligado a pleno volume, e os dois médicos e torcedores fanáticos discutindo lances da partida de futebol enquanto se preparavam para dar os pontos daquela cirurgia, exultando a cada gol como se estivessem nas arquibancadas. Sorte nossa que torciam pelo mesmo time.

Feitos alguns contatos novos, voltamos a Paris, onde gradualmente fui amadurecendo a ideia de tentar mais uma vez, agora profissionalmente, o que eu fizera pelo José Mojica: agenciar talentos brasileiros em Paris.

Foi quando desembarcou por lá mais um cearense indócil, recém-chegado do Brasil, onde suas canções vinham obtendo um bom sucesso nacional, que já lhe subia à cabeça. Embora talentoso, Raimundo Fagner, autor de "Mucuripe", era ainda um diamante bruto a ser lapidado para o mercado internacional, e foi o que fiz.

Comecei apresentando-o a dois amigos próximos: o guitarrista Pedro Soler e um dos mais consagrados intérpretes flamencos de todos os tempos, o quase centenário Pepe de la Matrona, também famoso por sua parceria e amizade com García Lorca. Pepe fazia sua última turnê parisiense. Comprovada a qualidade do trabalho de Fagner, que já fora gravado até pela exigente Elis Regina, fomos atrás de um teatro onde ele pudesse se apresentar.

Essa teria sido uma tarefa difícil, não fosse pela ajuda de colegas jornalistas franceses e alguns apaixonados pela música brasileira, como Dominique Dreyfus, Remy Kopa e a saudosa Regine Mellac, colaboradora muito próxima de Jacques Laing, posteriormente ministro da Cultura do presidente Mitterrand. Tivemos a sorte de conseguir um bom espaço em Montparnasse, um dos melhores *points* da capital francesa. O Theatre Campagne Première, na rua de mesmo nome e ao lado de um badalado restaurante-livraria, coisa muito em voga nos anos 70, seria a primeira casa de espetáculos a acolher um acústico Raimundo Fagner.

A estréia foi modesta, porém as apresentações seguintes geraram filas caudalosas. A crítica parisiense elogiou-o como a poucos, e, duas semanas depois, o dono do teatro, um egípcio de nome André, irascível e de má vontade no início, pediu quase de joelhos e lágrimas nos olhos que Fagner prolongasse a temporada na sua casa de espetáculos, proposta que o cantor recusou sem agradecimentos, consoante seu jeito presunçoso de ser. Eu já previa filas de artistas implorando para assinar contratos comigo.

Lúcido e sempre com o rei na barriga, Fagner decidiu voltar para o Brasil, prometendo voltar no ano seguinte a fim de gravarmos o seu novo disco, *Traduzir-se*, na Espanha. O projeto visava destacar a influência dos ritmos árabes na música brasileira, e para isso ninguém melhor que ele, filho de libanês.

Não houve filas de artistas batendo à minha porta, mas recebi um inesperado telefonema interurbano numa noite fria de inverno parisiense. Do outro lado da linha falava o meu amigo de infância Alceu Valença. Apesar de nossos portes atléticos de jogadores de bola de gude, tínhamos sido, quando garotos, campeões pernambucanos de basquete num certo Jet Clube de Recife, muito orgulhosos pelo fato de Tude Sobrinho, o nosso treinador, ter chegado a técnico da seleção brasileira.

— Poxa, Carlos, você que acaba de levar o Fagner pra Paris, não poderia dar uma ajuda e me levar também?

Alceu tornou-se então meu próximo agenciado, e convidei-o para ser meu hóspede. Com a família aumentada, o quarto de empregada, já exíguo, havia se tornado inabitável, e como em Paris não houvesse aluguel que eu pudesse pagar, fomos morar numa bucólica cidadezinha chamada Montigny-sur-Loing, no meio da floresta de Fontainebleau, num casarão de aluguel modesto, por ser bem afastado da capital. Como a calefação só funcionava em um dos vinte cômodos do imóvel, passávamos um frio de rachar, a tal ponto que precisávamos revestir nossos corpos com jornal por baixo das roupas. Foi lá que hospedei Alceu, juntamente com sua companheira Anelisa Alvim e o seu anjo da guarda, o inseparável guitarrista Paulo Raphael.

Bati de novo às portas do irascível egípcio André, prometendo que a arte do jovem pernambucano era mil vezes melhor que a do Fagner, e pouco depois uma gráfica francesa já imprimia o cartaz "Alceu Valença au Theatre Campagne Première".

Como o Valença não dispunha de recursos para custear uma campanha publicitária, coube-me novamente a tarefa de obter dos amigos da imprensa algumas reportagens e notas para despertar o interesse do público francês, que o desconhecia.

Assim, para a noite de estreia, decidi oferecer aos jornalistas um jantar preparado por mim mesmo e cujo prato principal seria camarão ao leite de coco com creme de aipim, receita da minha mãe, dona Tita. Comprei a preço de ouro quilos de camarão, produto de luxo em Paris, e de aipim, tudo fiado.

A apresentação e o jantar foram um sucesso, e no dia seguinte Alceu Valença pôde saborear os rasgados elogios da imprensa francesa; tanto quanto Fagner, sua música nordestina, a *finesse* de Paulo Raphael nas cordas, e sua própria presença em cena, seriam recebidos com aplausos e incentivos raros. Já eu fiquei com uma quantidade enorme de camarões caríssimos na geladeira, pois não utilizara nem a metade deles para o jantar, e uma dívida de arrepiar os cabelos.

Tive a ideia, então, de procurar o vizinho dono do restaurante-livraria e lhe propor que, a preço reduzido, comprasse urgentemente os quilos de crustáceos tão ameaçadores à minha minguada renda familiar.

A resposta dele me pegou de surpresa:

— Ontem, como estou aqui do lado, fui assistir ao *show* desse maravilhoso artista brasileiro. Aliás, também desfrutei do delicioso camarão servido. *Magnifique*! Posso comprar os seus camarões, mas só se a cozinheira vier prepará-los no meu restaurante.

Não pensei duas vezes:

— Amigo, você está falando com "ela", e eu aceito. O importante é que você me compre logo esses camarões.

Foi assim que, além de empresário, tornei-me mestre-cuca no país da gastronomia. Em poucos dias os mesmos espectadores entusiasmados para assistir ao fabuloso *show* do brasileiro se transformariam em apreciadores dos *crevettes à dona Tita*, minha mais bem-sucedida homenagem internacional à mulher que me deu à luz.

O novo ofício de cozinheiro assegurou o pagamento das dívidas e alguns sorrisos domésticos graças ao dinheiro que começou a entrar, sobretudo à medida que surgiam no restaurante novas opções de pratos "à dona Tita". O problema é que eu tinha de conciliar essa função com a de empresário, que significava para mim um investimento numa nova e promissora carreira profissional, e isso me obrigava a trabalhar até as duas da madrugada e me levantar da cama às seis da manhã. Como eu tinha um compromisso com o artista pernambucano, que também era meu amigo, acabei priorizando a segunda função, e o dono do restaurante-livraria precisou procurar outra "cozinheira" que soubesse preparar as receitas da minha mãe.

Então, para minha desgraça, o meu único agenciado resolveu simplesmente cair fora. Alceu Valença estava prestes a se tornar uma estrela internacional, tamanho o entusiasmo da alta direção da CBS francesa em tê-lo como artista fixo no seu catálogo de celebridades. Dias depois da sua estreia, o próprio presidente dessa multinacional, um certo Michel Dellorme, encantado com o seu repertório, particularmente por sua interpretação de uma música intitulada "A ema", assediou-nos na esperança de um contrato milionário, e até hoje não entendi as razões que levaram o Valença a recusá-lo. Como Fagner, optou por voltar ao Brasil.

A melhora na minha sempre oscilante situação financeira fora breve, e Raymonde e eu voltamos às nossas brigas habituais por causa de dinheiro, ou antes pela falta dele, sem falar no meu desejo exacerbado a fazer o mesmo estrago que no meu primeiro casamento. Até que um dia voltei da cidade e encontrei aquela casa imensa deserta: ela havia partido, para morar com os pais em Rennes, sua cidade natal, levando Apoena e Taoana consigo. Fiquei anos sem conseguir vê-los e não pude acompanhar-lhes o crescimento. Costumo dizer que o dinheiro gasto com advogados, dali em diante, ela para impedir, eu para obter, o meu acesso aos nossos filhos, poderia ter sido utilizado na criação deles.

Aquele golpe foi demais para mim. Como muitos pais, mesmo os irresponsáveis, eu vivia para aqueles meninos. Eles faziam valer a pena tudo o que eu tinha passado e continuava passando, as privações, humilhações e reveses. Eu já havia sido afastado de Juliana, minha primeira filha, por minha ex-esposa Liana e pelo exílio; agora era obrigado a passar por isso de novo, desta vez no exílio e em dose dupla.

A depressão em que mergulhei foi tão profunda, que serenamente decidi me matar. Nem era como se eu não quisesse mais a vida: era a vida que não me queria mais. Amarrei uma corda no teto e subi numa cadeira; contudo, nem nó em corda de suicida eu tive competência para fazer. A corda soltou, levei um tremendo tombo, mas o máximo que consegui foi quebrar um braço.

Outra canção minha, "Cicatriz", expressa melhor o que senti a partir desse dia:

A saudade é nova pele
a cobrir meus ferimentos
num enxerto de momento
para estancar meu sangramento
que ainda escorre do meu coração

Depois que saí do hospital, deixei Fontainebleau e fui morar por um tempo na casa do meu amigo Stéphane Bourgoin. Recentemente, em 76, ele havia passado por uma tragédia: sua esposa fora assassinada por um *serial killer*, e a partir daí ele começou a estudar essa classe de criminosos, até se tornar um especialista no assunto, com dezenas de livros publicados e traduzidos no mundo inteiro.

Em vez de ficar confinado numa cozinha ou lambendo minhas feridas, fui pedir emprego ao então ministro Carlos Átila, recém-chegado à embaixada do Brasil como conselheiro comercial, após ter sido porta-voz da presidência da República. Apesar da sua boa vontade, e sem se importar com o meu passado de engajamentos políticos, ele respondeu que não dispunha de recursos para me contratar. De fato, pude constatar a escassez de funcionários e as inúmeras mesas vazias em seu amplo gabinete de trabalho.

— Não peço emprego nem salários — insisti. — Permita-me apenas ter um lugar, aqui ao seu lado, ocupar um desses espaços vazios, dispor de um endereço de trabalho na cidade. Com isso vou conseguir me virar e o senhor não vai se arrepender.

Ele concordou e, dois dias depois, engravatado e engomado, nas escadarias da bela mansão no centro de Paris, cruzei com dois jovens franceses tímidos que procuravam ajuda para um projeto ambicioso relacionado com o Brasil. O álcool brasileiro como combustível começava a despontar nos jornais e noticiários de televisão, e os dois franceses, que se chamavam Didier Grousset, jovem assistente do hoje consagrado Luc Besson, e Claude Casteran, atualmente editor de cultura da Agence France Press, haviam elaborado um projeto de documentário sobre o tema e buscavam apoio da embaixada para sua concretização, mas se achavam meio perdidos naquele universo burocrático. Era exatamente o que eu precisava para confirmar, junto ao embaixador Carlos Átila, o acerto da sua decisão de me ajudar.

Poucas semanas depois embarcávamos para Brasília, oficialmente, sob os auspícios do Itamaraty. Com sua cara de anta, o vice-presidente Aureliano Chaves, principal responsável pelo projeto energético brasileiro, nos esperava para o início das filmagens do documentário *Essence verte: nouvel or noir* [Gasolina verde: novo ouro negro]. O filme seria visto pelas televisões nacionais de mais de quarenta países.

Nossa pauta incluiu uma viagem a Recife para filmagens com nosso principal entrevistado e vedete: ninguém menos que o príncipe da sociologia brasileira, Gilberto Freire — autor imortal de *Casa-grande & senzala* e outros clássicos que explicam o Brasil —, com quem passamos três agradáveis tardes em sua mansão no bairro de Apipucos.

Infelizmente, minha promissora carreira diplomática foi interrompida pelos informes do SNI, que não aconselhavam a continuidade da acolhida ao asilado político de currículo condenado pela ditadura brasileira, a qual era uma jararaca agonizante, mas ainda com veneno. O jeito foi trocar minhas roupas novas de diplomata pelas de empresário artístico e, embora não fosse o rei de Roma, rumei a Madri. Eu havia começado as filmagens de um documentário sobre o escritor argentino Júlio Cortázar, com o Alécio de Andrade em sua primeira experiência como *cameraman*, mas precisei abandonar o projeto porque havia me comprometido anteriormente com o meu amigo Fagner.

O músico cearense já me esperava na capital espanhola, desta vez em companhia do arquiteto e escudeiro Fausto Nilo, do inspirado músico Manassés de Souza e a sua banda brasileira, todos se preparando para começar a gravação do disco *Traduzir-se*, certamente um dos trabalhos mais consistentes de sua carreira vitoriosa. À trupe nativa se juntaram algumas celebridades internacionais, como a incomparável argentina Mercedes Sosa — à época vivendo o seu exílio espanhol —, o intérprete flamenco Camarón de la Isla, hoje falecido e parceiro inseparável de Paco de Lucía, e Joan Manuel Serrat. Todos, na qualidade de convidados especiais, dividiriam cena e microfone com o ousado nordestino.

Nossa longa temporada espanhola seria das mais inesquecíveis em minha vida. No hotel Príncipe Pio, onde morávamos, um espanhol corpulento, octogenário e bonachão, ao me ouvir falar em português, abordou-me, dizendo-se fascinado pelo Brasil. Todos os dias puxava conversa comigo, de modo quase pegajoso, e tão insistente que, ao vê-lo, eu procurava me esconder. Mas acabamos ficando amigos e, ao longo de dois meses, ele foi minha companhia diária no *desayuno*. Rafael (esse era o seu nome) assegurava que, se viesse ao meu país, decerto encontraria uma brasileira *muy guapa* para se ocupar dos seus cabelos brancos.

O seu ídolo brasileiro era Chico Buarque de Holanda, e Rafael vivia me perguntando se o conhecia, se era amigo dele.

Lembrei-me, então, de um episódio vivenciado com o autor de "A banda" e o contei.

Em 1968, na terceira edição do célebre Festival Internacional da Canção, um ex-líder estudantil, Geraldo Vandré, participou com uma música intitulada "Pra não dizer que não falei das flores", que se tornou um hino de resistência à ditadura militar. Claro que foi censurada. O refrão "Vem, vamos embora / que esperar não é saber / quem sabe faz a hora / não espera acontecer" foi interpretado como um convite à luta armada. A canção ficou em segundo lugar no festival, perdendo para "Sabiá", de Chico Buarque e Tom Jobim, que ganharam o cobiçado troféu Galo de Ouro, bem como elevadas somas em dinheiro. O resultado foi recebido por estrondosa vaia do público, e a revolta popular ganhou as manchetes dos jornais. Vendo que Augusto Marzagão, organizador do festival, e a TV Globo estavam sacaneando o Vandré para puxar o saco dos milicos, procurei o Chico Buarque, o Tom Jobim e outros vencedores de festivais passados, a fim de propor que, numa solenidade pública de protesto, derretêssemos os Galos de Ouro para moldar um Troféu Protesto de Ouro, que viraria um símbolo contra o regime. Ninguém me levou a sério, e ainda levei fama de chato e encrenqueiro.

A grande surpresa com relação ao meu novo amigo espanhol sobreveio certa manhã madrilena quando Fausto Nilo, com quem eu dividia o apartamento naquele velho e imponente hotel, me revelou a identidade dele:

— Acredite, gostaria muito de estar em seu lugar. Esse seu companheiro matinal é o mundialmente célebre Rafael Alberti, um dos maiores poetas da Espanha.

Procurei me informar sobre ele e descobri que sua mítica vida estava ligada aos acontecimentos culturais, políticos e sociais mais importantes da história do seu país. Opositor ferrenho da ditadura franquista e integrante da excelsa Geração de 27, esse grande poeta, pintor e dramaturgo tivera sua obra reconhecida com numerosas premiações, entre as quais o Prêmio Nacional de Teatro, o Lênin da Paz e o Cervantes de Literatura.

Fiquei sabendo, inclusive, que Rafael Alberti se encontrava naquele hotel por estar retornando de um longo exílio na Itália. Foi assim que a mídia espanhola, entusiasmada, saudou o seu regresso:

> Em 27 de abril de 1977, após trinta e oito anos de exílio — vinte quatro na Argentina e quatorze na Itália —, Rafael Alberti regressa por primeira vez à Espanha. Suas primeiras palavras ao descer do avião foram: "Saí da Espanha com o punho fechado e agora volto com a mão aberta, em sinal de paz e fraternidade entre todos os espanhóis".

Fiquei perplexo. Por tanto tempo eu conversara com um dos maiores escritores vivos da língua espanhola sem ter ideia disso. Tomado de profunda reverência, não me achava capaz de ter com ele a mesma intimidade de antes. Ao saber que ele era meu amigo, Mercedes Sosa, fascinada pelo poeta, não hesitou em abraçá-lo, beijá-lo e pedir-lhe autógrafo.

Raimundo Fagner, por sua vez, não mediu esforços para acolher aquela grande celebridade no seu círculo. Rafael Alberti tornou-se uma presença obrigatória no estúdio de gravação, onde causava comoção e rebuliços entre músicos, artistas e funcionários. É amigo do rei Juan Carlos e da rainha Sofia, diziam uns, foi parceiro de García Lorca, cochichavam outros. Seu poema "Málaga", musicado por Ricardo Pachon, seria estrategicamente incluído no disco.

De volta a Paris, recebi um telefonema de Jorge Amado me convidando a participar de uma reunião para decidir se Glauber Rocha, que agonizava num hospital de Lisboa, deveria ou não ser mandado para o Brasil.

Tudo havia começado com uma pericardite que acometeu o maior cineasta brasileiro vivo, enquanto ele preparava o seu novo filme, *O império de Napoleão*. Ao dar entrada no Hospital da CUF, os problemas dele apenas começaram. Os médicos simplesmente não conseguiam chegar a um diagnóstico preciso. Falava-se em tuberculose, AIDS, broncopneumonia, câncer, etc. Os exames cotidianos exauriam-no tanto quanto a doença, e Glauber, barba por fazer, sonolento, irritado, sofria, esbravejava e xingava. Fazia um calor insuportável e ele saía sem roupa pelo corredor. Era um personagem que agitava o hospital. Estava inchado, com um aspecto horrível.

Fiquei quarenta dias fazendo-lhe companhia. Às vezes lúcido, às vezes delirante, e sob efeitos de uma bateria de medicamentos, aplicados dia e noite, não parava de me pedir para fazer ligações ao Brasil, sempre querendo falar com o amigo Luiz Carlos Barreto ou com o general Golbery, por quem nutria uma inexplicável admiração. Minha preocupação maior era evitar e controlar o intenso vaivém de amigos e admiradores portugueses, mais tarde também suspeitos de fornecer-lhe drogas. A última entrevista do Glauber foi ao jornalista Mauro Santayana, que viera de Madri.

Entre os incidentes que amargaram os últimos anos dele, certamente estava a morte trágica de sua irmã, Anecy, aos 34 anos, em decorrência da queda de um poço de elevador. Ela havia sido minha primeira amiga na família. Morávamos bem perto um do outro, no Jardim Botânico; atriz, era casada com o cineasta Walter Lima Jr., e semanalmente íamos juntos almoçar na pensão de dona Lúcia, sua mãe, em Botafogo. Minhas referências constantes à irmã acalmavam o Glauber naquele angustiante leito hospitalar.

A reunião, da qual participaram o Jorge Amado, Zélia Gattai, Paula Gaetan, João Ubaldo Ribeiro, dois médicos, o embaixador do Brasil e eu, foi muito tensa. Como se não bastasse a sua incompetência, os médicos eram também odiosamente conservadores e pareciam mais preocupados com a suspeita de que os muitos amigos e visitantes do paciente ilustre estivessem trazendo drogas ilícitas para ele, do que em saber o que ele tinha e curá-lo. Só falaram disso, de drogas, alegando até que a atmosfera do apartamento 26, o do Glauber, estava impregnada de haxixe, coisa de uma estupidez sem nome. Posso assegurar que o cheiro que saturava aquele quarto sombrio era de mofo mesmo, embora o próprio Glauber, no momento da minha chegada, tivesse me perguntado se eu trouxera maconha para ele.

Cada um tentava jogar para o outro a batata quente sobre o que fazer. Aliás, João Ubaldo, um dos melhores amigos do cineasta baiano, evitava visitá-lo, alegando medo de hospitais e de ver sangue. Finalmente, e mais por causa da obsessão dos médicos portugueses com drogas que não existiam, decidimos que seria melhor mandar o nosso amigo para o Brasil.

O embaixador entrou em contato com a Varig a fim de que uma nave fosse adaptada para levar o paciente de maca. Havia também providências a ser tomadas no Rio, com relação a ambulância, hospital, médicos, etc. Coube à mulher de Glauber, Paula Gaetan, o monitoramento desse embarque decidido às pressas e cheio de dificuldades.

No dia 20 de agosto nos despedimos daquele hospital português com o paciente em estado de coma. Ali mesmo, naquele aeroporto tumultuado, tão logo o avião brasileiro levantou voo rumo ao Rio de Janeiro, embarquei para Madri, onde Mercedes Sosa me hospedou. Foi no seu carro, com ela dirigindo que, dois dias depois, seríamos surpreendidos com a notícia divulgada pelo rádio:

"Morre no Brasil o famoso cineasta Glauber Rocha..."

Ele havia dito certa vez: "Amo o poeta Castro Alves, morto aos 24 anos, nascido na Bahia no mesmo dia 14 de março, como eu, e como eu um amante das antíteses e das hipérboles". O poeta Glauber Rocha tinha 42 anos quando morreu.

Poucos meses depois, Mercedes e eu embarcávamos para o Rio de Janeiro, onde ela seria a principal estrela do festivo lançamento do disco *Traduzir-se*, de Fagner.

Após doze longas horas naquele voo diurno de poucos passageiros, nosso desembarque no Aeroporto do Galeão, hoje Aeroporto Antônio Carlos Jobim, seria um dos mais festejados da carreira de La Negra, como os amigos chamavam Mercedes, pois aquela viagem também significava o seu primeiro retorno à América Latina depois do exílio europeu. Ela própria, aos jornalistas que a esperavam, diria que, estando tão perto de Buenos Aires, se sentia tentada a fazer uma rápida visita ao seu país, de onde fora banida com a ascensão dos militares ao poder, mas que não o fazia por saber que se arriscava a amargar uma temporada na cadeia.

Meu retorno temporário de Paris, após dez anos de ausência, revendo ruas, praças, lugares onde morei, reconciliou-me com um passado marcado pelas cicatrizes de um feroz e sanguinário regime militar, porém não menos repleto de lembranças ternas e de um intenso aprendizado. Foi mais ou menos isso que senti, por exemplo, visitando o que restava do antigo Solar da Fossa, no Botafogo, ou antes o *shopping center* construído onde estivera aquela usina de sonhos e talentos.

Nessa viagem, Rose Marie Muraro me apresentou à mulher que seria minha companheira nos nove anos seguintes: Anne Jordan, uma ex-manequim norte-americana, ex-noiva de Ted Kennedy e irmã da famosa cantora de *jazz* Helen Merrill. Então com 47 anos, onze a mais que eu, era uma bela e agradável companhia, sempre cheia de histórias fascinantes sobre o clã Kennedy e o meio artístico norte-americano.

Minha proximidade com gente do meio artístico e a familiaridade que, desde os tempos de Globo, eu tinha com câmeras, me inspiraram a, durante anos, sonhar em realizar um filme sobre o Carnaval com uma câmera no Instituto Médico Legal, outra na avenida Marquês de Sapucaí, e outra na delegacia de polícia. Mas eu nunca tinha dinheiro para concretizar esse projeto, até o dia em que um amigo me ajudou a viabilizá-lo.

Eu havia conhecido Ralph Justino anos antes, de passagem por Belo Horizonte, em um botequim. Numa mesa perto da minha, dois jovens puseram-se a ouvir o som muito alto vindo de um carro, sem se importar se incomodavam os demais ou não, falta de consideração típica no país. Observando que tocavam Fagner, ofereci apresentá-los ao seu ídolo. Assim, Ralph Justino, que era um dos dois rapazes, acabou se tornando empresário do cantor e ganhou rios de dinheiro; posteriormente criou o Festival de Gastronomia de Tiradentes. O outro moço era Cacá Moreno, hoje publicitário e dono da agência Perfil.

Ficamos amigos, o Justino e eu, e com o dinheiro que ganhou agenciando o Fagner, ele foi para os EUA fazer um curso de cinema. Ao voltar, me procurou, dizendo-se interessado em fazer o meu filme.

Nascia então, em 1983, *Carnaval, o aval da carne,* meu melhor documentário, dedicado a dois amigos queridos: Glauber Rocha e Zuenir Ventura. Usei para o cartaz do filme uma das formidáveis gravuras de Darcílio, na esperança de provocar uma reação nele e fazê-lo reentrar na minha vida. Mas nada aconteceu.

Alguém levou uma cópia para a França e a mostrou a um grande mestre da antropologia, Jean Rouche, que ficou entusiasmado com a fita e fez com que fosse inscrita no Festival de Veneza: o primeiro documentário brasileiro a merecer tal distinção. Graças ao então presidente da Embrafilme e depois ministro, Celso Amorim, que, entendendo as precárias condições financeiras em que vivíamos, decidiu financiar as cópias em inglês, italiano, etc., exigidas pelo regulamento, pude ir a Veneza, onde o filme foi premiado. Depois, em Roma, fui hóspede de dom Lucas, como contei no início deste livro, e conheci o papa João Paulo II.

O sucesso do meu primeiro documentário me incentivou a fazer outros: no ano seguinte seria a vez de *O caso Brugger,* e o relato dessa empreitada faz jus a um capítulo inteiro.

9

Nazistas na Amazônia

Nos primeiros dias de 1984, numa bela manhã de sol, no Rio de Janeiro, Anne Jordan e eu nos dirigíamos à praia, ela na direção do carro, eu lendo o *Jornal do Brasil*.

Deparei com uma nota, não mais de quatro linhas, informando que certo jornalista alemão, de nome Karl Brugger, correspondente da ZDF, fora assassinado no dia anterior, na praia de Ipanema. Não haviam capturado o autor do crime, que parecia uma tentativa de assalto. Ao tomar o tiro, Brugger estava acompanhado de um colega alemão, que o substituiria como correspondente.

Essa notícia me interessou de imediato, tendo eu mesmo sido correspondente em Paris, de modo que pedi à Anne para dar meia-volta e seguir rumo ao Cemitério do Caju.

Chegamos com roupa de praia ao velório repleto de jornalistas, que cercavam e entrevistavam um governador Leonel Brizola preocupado com a má repercussão internacional daquele crime ocorrido durante o seu mandato.

Alguém me apresentou ao cineasta paranaense Jorge Bodanzky, que, visivelmente abalado e consternado, acariciava o caixão onde repousava o corpo do amigo. O falecido tinha quarenta e um anos.

— Esse homem me ensinou a fazer cinema — contou-me Bodanzky. — Fui o primeiro *cameraman* dele no Brasil.

Conversamos um bom tempo. Bodanzky disse que Karl Brugger estava de malas prontas para ir morar na Amazônia. Convidou-me a visitá-lo no seu apartamento naquele mesmo dia, prometendo revelações surpreendentes sobre o caso. Não me fiz de rogado. Meu faro de repórter me dizia que havia algo grande, muito grande, por trás desse episódio aparentemente rotineiro de assalto seguido de morte numa cidade violenta.

Havia outro homem, nervosíssimo, ao lado do caixão: Ulrich Encke, o alemão que viera substituir Brugger e que estivera com ele na hora do assassinato. Brugger fora apanhá-lo na véspera, de manhã, no aeroporto do Galeão. Seu depoimento à polícia tinha sido, na melhor das hipóteses, incoerente. Após tomar um chope num bar de Ipanema, segundo ele, os dois foram abordados por um assaltante no canteiro central da avenida Vieira Souto. Mesmo sem reagir, Brugger foi atingido no coração por um tiro fatal. Acontece que a arma do crime, conforme averiguado depois, era uma metralhadora portátil, semelhante a uma pequena Uzi, de uso exclusivo das forças armadas. Um assaltante de rua armado com metralhadora?

Em dado momento, no velório, alguém anunciou que um telex vindo da Alemanha comunicava que o pai de Ulrich, ao ouvir a notícia de que um correspondente alemão da ZDF fora assassinado no Brasil, pensou tratar-se do seu filho e morreu de infarto. Ulrich então anunciou à imprensa que voltaria naquela mesma noite para a Alemanha, menos de 24 horas após o crime.

Achei estranhíssimo a polícia deixá-lo viajar com aquela pressa toda, sendo ele testemunha-chave num assassinato sem solução. Além disso, na Europa um velório dura vários dias; por que o Ulrich precisava voltar correndo para enterrar o pai? Sem falar que, depois de retornar à Alemanha, ele não tornou a vir para o Brasil...

À tarde passei no apartamento do Bodanzky, em Botafogo. Magro e alto, com pinta de intelectual europeu, sua tristeza durante o velório dera lugar a uma atitude inquisitiva, perscrutadora.

— Esse crime é mais que misterioso — dizia. — Repare bem: de manhã ele vai buscar seu substituto, recém-chegado ao Brasil pela primeira vez, e na noite desse mesmo dia estão os dois caminhando pelo calçadão, quando surge um suposto assaltante, que atira nele, sem que o Brugger tenha sequer esboçado uma reação, justamente quando ele havia decidido abandonar tudo para ir morar na região onde as tropas nazistas desembarcaram...

Tropas nazistas? Que região era aquela, pergunto, afoito. Ele responde, e pela primeira vez ouço falar da cidade perdida de Akakor.

Tudo começou quando Brugger, no ano de 1971, conheceu em Manaus o mestiço de alemão e índio chamado Tatunca Nara. Assim ele descreve esse personagem misterioso:

> Era alto, tinha um longo cabelo escuro e um rosto delicadamente modelado. Os seus olhos, castanhos, pequenos e cheios de suspeita, eram característicos dos mestiços. [...] Os primeiros minutos da nossa conversa foram difíceis.

Com certa relutância, Tatunca Nara contou, em mau alemão, as suas impressões da cidade branca, com a sua imensa população, o trânsito das ruas, os elevados edifícios e o insuportável barulho. Só quando venceu a sua reserva e as suas suspeitas iniciais, me contou a história mais extraordinária que jamais ouvi.

Esse homem dizia ser o chefe da tribo dos Ugha Mongulala, originada pelos deuses há treze mil anos, e cujos líderes construíram imensas pirâmides em plena floresta amazônica, cruzavam o céu pilotando naves e usavam pedras mágicas para observar locais distantes. A mãe de Tatunca era uma missionária alemã que negociou a vinda de dois mil soldados alemães durante a Segunda Guerra, desembarcados no Brasil com o propósito de implantar uma base na Amazônia e conquistar o país. Boa parte daqueles tudescos ainda morava em Akakor, a cidade sagrada dos Ugha Mongulala, ou em alguma das treze cidades subterrâneas artificialmente iluminadas, com nomes como Budo, Kish, Sanga e Sikon.

Essas e muitas outras histórias, cada uma mais fabulosa que a outra, foram contadas por Tatunca ao Brugger, que registrou tudo no livro *Crônica de Akakor*, de 1976, lançado no mundo inteiro menos no Brasil. Bodanzky mostrou-me a edição alemã. Era prefaciada por ninguém menos que Erich von Däniken, o suíço autor de *Eram os deuses astronautas?*, obra que estimulou uma geração inteira a procurar discos voadores na Bíblia.

Eu mal podia acreditar no que ouvia. Nazistas na Amazônia! Uma civilização pré-histórica mais avançada que os atlantes! Uma cidade perdida no coração da selva!

Meu faro de repórter não me enganara. Resolvi fazer um documentário sobre aquilo; na época eu tinha condições financeiras para tal, ou melhor, a Anne Jordan tinha. Mas não me ocorreu de imediato ir à Amazônia encontrar-me com Tatunca Nara. Eu faria tudo ali mesmo, no Rio de Janeiro.

Saí do apartamento do Bodanzky com as ideias pulando feito rãs no meu cérebro, e me dirigi à casa do Brugger, no Leblon. A polícia e os alemães do consulado já estavam lá, e não ficaram muito felizes em me ver.

— Quem é você?

— Sou jornalista.

— Não tem nada aqui, cai fora!

Como todo alemão que vem ao Brasil, o Brugger adorava foder mulatas, sobretudo as do Leblon. Uma delas, que era comida dele, me disse, chorosa:

— Ele tava indo embora pra Amazônia, ia me abandonar!

A crioulinha contou que ele encaixotava suas coisas fazia tempo. Tudo na casa dele já estava encaixotado. Eu me lembro muito bem desse dia. Vi quando membros do consulado alemão colocaram as caixas numa caminhonete, ajudados pela polícia.

Era tudo estranho demais. Por que os alemães iriam tão cedo sumir com as coisas do Brugger, cujo cadáver ainda estava quente? Parecia uma queima de arquivo, e ainda com assistência policial! Ao mesmo tempo, nada do que eu perguntava era respondido, ninguém explicava coisa alguma. Com certeza era uma tentativa de acobertamento. Mas do quê?

Do Leblon segui para a delegacia encarregada do caso, que ficava em Copacabana, e lá encontrei a mesma receptividade que na casa do Brugger: ninguém respondia minhas perguntas. Isso só serviu para me deixar ainda mais intrigado. Por não receber resposta alguma foi que decidi ir pedi-las ao lendário Tatunca Nara, protagonista da mítica *Crônica de Akakor*.

"Ninguém vai me ajudar aqui", pensei, "vou-me embora para a Amazônia."

E fui sem demora, uns quinze dias depois. Mais tarde soube que, durante esse período, dois policiais que trabalhavam na investigação morreram vitimados por acidentes. Meses depois, o mesmo ocorreu ao Samuca, filho do Samuel Wainer e da Danuza Leão, morto num desastre de automóvel. Repórter da Globo, ele me ligava todos os dias para saber novidades sobre o crime. Podia ser paranoia minha, mas todos que se envolviam no caso pareciam estar morrendo.

Em Manaus, fiz contato com o Tatunca por rádio e combinei de encontrá-lo em Barcelos, nas margens do rio Negro, onde morava. Pedi um avião emprestado ao governador Gilberto Mestrinho, mas os jatinhos do governo estadual achavam-se em petição de miséria. Um amigo dele, no entanto, podia me emprestar um avião: chamava-se Elton, famoso traficante local. Dono de vários aviões, emprestou-me um, com piloto e tudo. Segui viagem com a Anne Jordan e o meu *cameraman*.

Ficamos uns cinco dias hospedados na casa do Tatunca. Ele era um alemão em tudo, a despeito do bronzeado de urucum. Trazia no peito uma tartaruga, tatuagem que Karl Brugger também ostentara no mesmo lugar, e que, segundo explicou o meu anfitrião, era o símbolo dos Ugha Mongulala.

Contou que o Brugger estava indo morar com ele até que ficasse pronta a casa que pretendia construir na fronteira com a Venezuela. Fomos de avião até o local, mais para o norte, e lá o Tatunca me mostrou o lago em cujas margens Brugger edificaria sua nova residência. Esse lago de cores cambiantes, azul, vermelho, amarelo, é o lugar mais lindo que já vi na minha vida, e eu viajei pelo mundo todo. Ali, e de volta à sua casa, Tatunca contou diante da minha câmera o que já contara ao Brugger e a outros exploradores, antropólogos, cineastas e jornalistas.

Segundo ele, Akakor e as suas pirâmides se encontravam na região montanhosa do alto rio Padauari, entre o Amazonas e a Venezuela, não muito longe do lago paradisíaco. Akakor era a cidade onde moravam os sacerdotes Mongulalas e outros privilegiados. Ali ficavam guardados os tesouros e relíquias dessa cultura multimilenar. A tecnologia deles não era deste mundo: a iluminação se dava por meio das auras das pessoas, a comunicação por telepatia, e os anciãos sabiam como materializar seres e objetos em qualquer lugar. Existia o recurso das imagens televisuais, com o qual era possível contatar outros planetas; os meios de transporte eram naves voadoras e tudo era controlado de forma robótica.

Essas informações, no entanto, foram extraídas dele a muito custo. Reticente e lacônico, o chefe dos Ugha Mongulala mostrava-se relutante em falar. Certa ocasião, quando eu o filmava, notei que ele se sentia atraído por Anne; como ela falava bem português, embora com sotaque, coloquei-a para entrevistar o nosso anfitrião, estimulando sua loquacidade.

Então ele falou dos nazistas.

No ano de 12143 dos Ugha Mongulala — 1932 para nós —, uma missionária alemã residente em Lima, no Peru, foi raptada por membros da tribo, à qual acabou se integrando e desposando o seu líder, o príncipe Sinkaia, união da qual nasceu Tatunca Nara. Anos depois, como os Ugha Mongulala viviam em guerra com os peruanos, resolveram se aliar aos alemães, e então a mãe de Tatunca viajou à Alemanha de Hitler como embaixatriz para negociar esse acordo. Tropas nazistas começaram a chegar a Akakor em 12422 (ou 1941); ao todo vieram dois mil. O plano era invadir o nosso país e dividi-lo entre o Terceiro Reich e os Ugha Mongulala. Mas como a Alemanha perdeu a guerra na Europa, a invasão do Brasil acabou não ocorrendo, e os soldados alemães foram se integrando à tribo, assimilando seus costumes e vivendo como verdadeiros nativos.

Perguntei se os nazistas em Akakor poderiam estar conduzindo experimentos genéticos. Do seu modo evasivo, Tatunca respondeu que os alemães haviam trazido aos Ugha Mongulala não apenas a sua tecnologia bélica, mas também médica. Eu me perguntei por que um povo que usa aura humana como iluminação e discos voadores como transporte se beneficiaria com a tecnologia alemã da década de 40, mas fiquei na minha.

No ano de 12449 (1968) — continuou ele —, um avião caiu nas proximidades de Akakor. Tatunca foi mandado por seu pai para matar os doze sobreviventes, todos oficiais do governo brasileiro, mas desobedeceu à ordem e, em vez disso, conduziu-os em segurança a Manaus. Foi a primeira vez que entrou numa cidade dos "bárbaros brancos". O trânsito relativamente fácil de Tatunca Nara pelos órgãos oficiais do governo militar seria uma prova de gratidão por seu feito heroico e altruísta.

Ele acrescentou que o seu nome, Tatunca, significa "grande serpente d'água" na língua do seu povo, e Nara, "não sei", foi a resposta que deu quando os brancos lhe perguntaram algo que não entendeu.

Eu não soube então, e continuo sem saber, o quanto crer ou descrer dessa narrativa rocambolesca. Com seu sotaque germano-tupiniquim e sempre evitando olho no olho, Tatunca jamais me "vendeu" totalmente a sua história. O próprio Bodanzky, ao contrário do colega e amigo Brugger, não botava muita fé no Tatunca. Para ele, o comportamento do índio "era o de quem só queria tirar vantagem da situação de ter um alemão mitômano acreditando piamente em suas histórias". De fato, Brugger acreditou de tal forma no Tatunca, que foi com ele em busca de Akakor, como narra no seu livro (que eu só tive tempo de ler muito depois):

> Tatunca Nara, o fotógrafo brasileiro J. e eu partimos de Manaus a 25 de setembro de 1972. Pretendíamos alcançar a parte superior do rio Purus num barco que alugáramos. Levávamos também uma canoa com motor de popa e utilizá-la-íamos para alcançar a região afluente do rio Yaku, na fronteira entre o Brasil e o Peru, e depois continuaríamos a pé pelas colinas dos Andes até Akakor. O tempo destinado à expedição era seis semanas, e contávamos regressar nos princípios de novembro.
>
> A viagem, repleta de acidentes e contratempos, teve fim quando

depois de uma perigosa passagem sobre as corredeiras, a canoa foi apanhada por um redemoinho e virou-se. O nosso equipamento fotográfico, que viera em caixas, perdeu-se na densa floresta das margens; metade dos nossos alimentos e remédios perdeu-se também. Nesta situação desesperadora, decidimos desistir da expedição e voltar para Manaus. Tatunca Nara reagiu com irritação: estava impaciente e desapontado. Na manhã seguinte, J. e eu deixamos o nosso último acampamento. Tatunca Nara, com as pinturas de guerra do seu povo, usando só um pano a cobrir-lhe os rins, tomou a estrada que o levaria à sua tribo. Este foi o meu último contato com o chefe dos Ugha Mongulala.

O homem mencionado por Brugger como "o fotógrafo J", e que não é outro senão Jorge Bodanzky, narra esse episódio de modo bem diferente:

Alugamos um barco em Manaus e partimos rio Negro acima. Era ano de muita seca, rio baixo e constantes ameaças de encalhe. Depois de quase uma semana de viagem, o barco finalmente encalhou e não pudemos seguir. Tatunca alegou que seguiria sozinho numa canoa para avisar a tribo da nossa chegada. Trocou sua roupa de branco por uma espécie de fantasia de índio e saiu remando. Levou uma câmera fotográfica e algum dinheiro do Brugger. É claro que não voltou.

Mas o cacique Ugha Mongulala voltou, sim, e convenceu o Brugger a empreender outra expedição a Akakor, tanto que este se preparava para ela quando perdeu a vida.
Muitos além do Brugger acreditaram. Depois do lançamento da *Crônica* na Europa e nos EUA, turistas e exploradores do Primeiro Mundo vieram às pencas procurar pirâmides e cidades subterrâneas na Amazônia, com o Tatunca servindo-lhes de guia e faturando alto com isso. Embora nenhum deles tenha, que se saiba, chegado a Akakor, isso não parecia desencorajar os gringos, como nos conta o Bodanzky no livro *O homem com a câmera*:

A síndrome de Akakor alcançou o próprio Erich von Däniken da forma mais estapafúrdia. Durante nossa viagem pelo rio Negro, Tatunca Nara lia *Eram os deuses astronautas?* e copiava aqueles hieróglifos. A partir dali, criou uma espécie de escrita, que dizia ser da sua tribo. Brugger reproduziu esses escritos no seu livro *A crônica de Akakor*, publicado em 1976 na Alemanha e em 1977 nos Estados Unidos. Ao ser convidado para escrever o prefácio desse livro, Däniken ficou impressionado com as "coincidências" grafológicas e interessou-se diretamente pelo assunto, chegando a viajar à Amazônia e contribuir para a caixinha de Tatunca.

O tempo se encarregou de confirmar as desconfianças minhas e do Bodanzky. No final da década de 80, a BKA, polícia federal alemã, averiguou que o chefe índio Tatunca Nara nasceu, na verdade, em Coburgo, na Baviera, onde foi registrado como Hans Günther Hauck. Divorciado em 1966, fugiu para o Brasil em 68 para não pagar pensão alimentícia à ex-esposa e aos três filhos, embrenhou-se na Amazônia e virou índio. Posteriormente, casou-se com uma funcionária da prefeitura de Barcelos e teve com ela dois filhos loiríssimos.

Christa, a ex-esposa alemã de Tatunca, foi trazida ao país em 1989 pela revista alemã *Der Spiegel*, e o reconheceu, mas ele negou, com a maior caradura, ser quem era. Naturalizado brasileiro, Tatunca, ou Hans, declarou em cartório, no ano de 2003, ser "doente mental". E não para por aí. Sua ficha criminal em Nuremberg revela que ele já usava, então, a alcunha de "Tatunge Nare".

Para piorar a situação do "índio", Tatunca começou a ser acusado de causar a morte de clientes a quem servira de guia. Segundo reportagem do *Fantástico*, de 7 de outubro de 1990, eles foram o norte-americano John Reed, em 1980; o suíço Herbert Wanner, em 1984; e a alemã Christine Heuser, em

1987, todos desaparecidos em circunstâncias misteriosas. Mas como os corpos desses exploradores não foram encontrados, não foi instaurado processo criminal.

Um dos clientes de Tatunca Nara que sobreviveu foi o viajante alemão Rüdiger Nehberg, conhecedor da Amazônia e seus índios. Em 1990, ele e o cineasta Wolfgang Brög contrataram Tatunca para guiá-los numa expedição, e o resultado da empreitada foi o documentário *Das Geheimnis des Tatunca Nara*, exibido na rede ARD em 1991, e no qual o chefe índio é desmascarado como impostor. Nos seus livros, inclusive, Nehberg acusa Tatunca não só de ter matado os exploradores estrangeiros, como também o próprio Brugger, o que já acho demais da conta. Falsário e impostor, vá lá, mas assassino?

Segundo alguns, Tatunca teria inventado toda a história de Akakor com o intuito de motivar inocentes turistas a financiar suas buscas por pedras preciosas na serra do Aracá. Como se não bastasse, ele foi acusado de envolvimento com biopirataria, ao ser flagrado pela Polícia Federal, em 1999, contrabandeando 350 peixes ornamentais e plantas amazônicas. Outros suspeitaram que ele fosse um informante da ditadura, devido a sua amizade com oficiais militares. Não poucos notaram a semelhança entre as histórias da *Crônica* e os mitos do ocultismo nazista, fortalecendo a suspeita de que a saga de Akakor não passa de um samba do alemão doido.

Concluídas as gravações na Amazônia, voltamos para Manaus, onde fui agradecer ao Elton pelo jatinho, e ele me ofereceu um almoço no hotel Tropical. Era um homenzarrão de quase dois metros, com braços da grossura de pernas, peado de correntes e pulseiras de ouro no pescoço e nos pulsos, coisa típica de novo-rico.

Num dado momento, ele segurou meu braço e me levou ao toalete consigo, fazendo-me entrar numa das cabines e trancando a porta. "Será que ele quer me comer?", pensei, alarmado. Tirou então do bolso um pacote da cocaína mais fina e pura que eu já vi na vida, e me presenteou com ela.

Não foi só isso. Quando voltamos, ele colocou sobre a mesa uma bala de ouro — o revólver dele era de ouro! — e falou:

— Isto é um presente para você.

Anne devolveu o projétil dourado, dizendo:

— Elton, o Carlos não precisa levar bala.

Conversa vai, conversa vem, meu novo amigo me fez um convite:

— Antes de voltar para o Rio, você não quer ir a uma fazenda minha, onde tenho setenta pessoas de quarentena?

— Quarentena?

Ele explicou que era um dos expoentes do garimpo na Amazônia. As pessoas de "quarentena" eram as que partiriam para o alto Amazonas, a fim de fazer garimpo. Não fiquei particularmente interessado, mas aí ele me contou onde obtivera aquela gente: eram todos presos, condenados a 30 e 40 anos em prisões de São Paulo, Rio, Bahia e Recife, que ele conseguira soltar, através de advogados, mas com o compromisso de que fizessem garimpo para ele. Tipo trabalhos forçados.

A extração do ouro era feita no leito do rio Amazonas por meio de balsas equipadas com potentes motores para sucção do cascalho. Um garimpeiro mergulhava com uma grossa mangueira de até vinte metros e um equipamento de respiração rudimentar, um tubo igualmente longo ligado a um compressor de ar no barco. Quando o preso achava uma pepita no fundo do rio, ela pertencia metade a ele, metade ao dono do garimpo. Ao enviar o ouro pela mangueira, o tubo por onde ele respirava era cortado; assim o infeliz morria e o dono do garimpo ficava com tudo. Afinal, quem se importava com a morte daquela escória?

Elton contava isso dando risada. Horrorizado, perguntei o que acontecia se fosse achado ouro em território indígena. Em resposta, ele fez o gesto de quem arranca uma cavilha com os dentes, indicando que usava granadas para remover populações indígenas incômodas.

O homem que me oferecera uma bala de ouro merecia, na verdade, ser alvejado com uma bala de prata.

Quando cheguei à fazenda onde estava o pessoal do garimpo, pedi a Anne que anotasse o nome e o número da identidade de todos os garimpeiros que pudesse. A lista que ela fez somava uns sessenta nomes. Eu estava determinado a fazer algo a respeito quando voltasse.

E fiz.

Imediatamente após chegar ao Rio, soube pela imprensa que o célebre Jacques Cousteau encontrava-se por lá, e que o seu guia no rio Amazonas tinha sido ninguém menos que o enigmático Tatunca Nara. Procurei o oceanógrafo francês no Copacabana Palace, onde estava hospedado, e propus que ele e eu denunciássemos os assassinatos de garimpeiros na Amazônia. Afinal, ele tinha cacife, ele era Cousteau, e não Carlos Marques, que ninguém conhecia.

— Comandante (ele era ex-oficial da marinha), vamos convocar a imprensa para uma coletiva, aqui mesmo no hotel! Esta é a lista de pessoas que vão morrer dentro de um mês!

A temperatura do meu apelo reproduzia a daquela tarde calorenta, bem carioca. Mas a proposta esbarrou na negativa resoluta do ancião.

— O regime deste país é uma ditadura — retrucou ele pacientemente. — Levei anos tentando conseguir autorização dos militares para conduzir minhas pesquisas científicas no Amazonas. E agora, que estou voltando para a França, o senhor propõe que eu desafie as autoridades, fazendo uma denúncia dessas? Corro o risco de ter todo o meu material de pesquisa confiscado e meses de trabalho jogados fora!

É claro que a razão estava do lado dele, embora eu não a enxergasse então. Minha insistência acabou despertando a ira do seu filho Jean-Michel:

— Meu pai é um homem de quase oitenta anos! O senhor está se excedendo! Por favor, retire-se!

Nossa reconciliação aconteceria anos mais tarde, num jantar oferecido estrategicamente por Federico Mayor, diretor geral da Unesco, em Paris, ocasião em que Cousteau aceitou participar do meu filme-documentário que abriria a ECO-92, tema de sua predileção.

Mas, para concluir o meu documentário sobre o caso Brugger, faltava colher depoimentos na pátria dele. Semanas depois, parti para Colônia, na Alemanha, onde ficava a sucursal da ZDF para a qual o Brugger e o Ulrich trabalhavam. Imaginando que meu projeto despertaria o interesse dos colegas do finado, ocorreu-me fazer a montagem e a edição do documentário lá mesmo. Assim, levei todas as fitas que eu havia gravado no Brasil, com a polícia, com o Bodanzky, com os jornalistas que me procuravam, com o Tatunca, enfim, todo o material filmado. Como eram cerca de cinquenta fitas Betacam, cada uma com o tamanho e o peso de um *notebook* moderno, as malas ficaram pesadíssimas, tivemos que pagar excesso de bagagem. Felizmente foi a Anne que financiou essas viagens.

Decolamos no Galeão e, após um voo sem incidentes, aterrissamos em Frankfurt, onde faríamos uma conexão para Colônia. Durante as quase cinco horas aguardando o próximo avião, passeamos pelo aeroporto de Frankfurt, um dos maiores da Europa, verdadeira cidade dentro da cidade.

Enquanto aguardávamos na fila para trocar dinheiro numa agência de câmbio, de repente a Anne me diz:

— Olha quem está atrás da gente...

Voltei-me. Era Ulrich Encke, o substituto que nunca foi. Antes que eu terminasse de digerir minha surpresa, ele passou à frente das pessoas e simplesmente veio me dizer, sem a menor cerimônia e num português escabroso, que eu não deveria continuar o que estava fazendo, que seria melhor parar com aquilo.

— Eu estarr acompanhanto esse histôrria da filme tua, que non é sérria!

Que aquele chucrute acompanhasse o projeto não era de surpreender, pois a revista alemã *Stern* já fizera uma entrevista comigo, aquando do meu retorno da Amazônia. O que me surpreendeu foi sua presença ali e seu tom agressivo, encerrando claramente uma ameaça.

Meu sobressalto inicial deu lugar à revolta. Educadamente, mas não muito, mandei-o tomar no cu: acho que ele entendeu, embora soubesse português tanto quanto eu sei quíchua. Para mim ele fora um suspeito desde o início. Tudo a respeito desse Ulrich cheirava mal. Se havia de fato algum nazista nessa história toda, era ele.

Trocamos o dinheiro e, na hora do embarque, tive mais uma ingrata surpresa: o chucrute estava embarcando no mesmo avião que nós!

Era coincidência demais. Contudo, seria mesmo coincidência? Se em algum momento fiquei realmente paranoico, foi naquele.

E o mais esquisito ainda estava por vir!

Fizemos o trajeto Frankfurt–Colônia em cerca de duas horas carregadas de tensão, porque ele, algumas fileiras atrás da minha, não tirava os olhos de nós, como se nos vigiasse.

Ao desembarcarmos em Colônia, fomos buscar nossas malas pesadíssimas. Na esteira das bagagens, todas as malas chegaram e foram recolhidas pelos passageiros, menos as nossas... e as do Ulrich!

Ficou então aquele vazio incômodo no saguão das bagagens, o chucrute e eu trocando olhares carregados de mútua animosidade.

De repente, entra um policial com um velho, que dá um abraço no Ulrich. Aproximando-me, perguntei ao guarda, em inglês, quem era o recém-chegado. Quase caí para trás com a resposta:

— É o pai dele.

Como? O que havia morrido de infarto? Não bastasse estar diante de um defunto, percebi que o chucrute só falava de mim para o velho. O substituto que nunca foi e o morto que nunca foi.

Essa situação desconfortável durou quase duas horas. Isso porque o funcionário da Lufthansa ainda viera com uma ficha para que eu informasse o modelo das nossas malas, a cor, o tamanho, enfim, uma burocracia só.

E pensar que os alemães tinham fama de competentes!

Subitamente o Ulrich e o pai dele são chamados. Eles desaparecem. Anne e eu ficamos esperando por mais um bom tempo.

Por fim, um policial que parecia da SS, surgiu diante de nós e latiu:

— *Mister* Marques, siga-me!

Fui com a Anne atrás dele, e percorremos corredores imensos no subsolo, semelhantes aos que ligavam as cidades subterrâneas dos Ugha Mongulala, conforme descritos na *Crônica de Akakor*. Chegamos a uma sala, onde havia outro oficial com as nossas malas. Arrumamos um carrinho e saímos com a bagagem.

Teriam as malas se extraviado durante todo esse tempo, ou teria esse atraso tão longo em localizá-las (umas três horas!) sido proposital, a fim de dar tempo para que as fitas fossem copiadas? Não sei dizer.

Fomos para o hotel (não me lembro qual), onde comecei logo a telefonar para alguns contatos na ZDF, cujos números eu obtivera no Rio. Porém, já no primeiro telefonema, a má vontade com que fui atendido ao dizer sobre o que se tratava foi como um banho de água fria no meu entusiasmo, que nem os incidentes nos aeroportos haviam conseguido arrefecer. Senti logo de cara que eu não editaria o meu filme lá, e que trouxera cinquenta quilos adicionais de bagagem por nada.

No dia seguinte, com apenas duas fitas, para mostrar se necessário, fui recebido pelo redator-chefe da emissora, que, embora com menos agressividade que o Ulrich, tudo fez para desmerecer o meu projeto e me desencorajar a prosseguir trabalhando nele.

— Por que você está interessado nessa história? Ela não interessa a ninguém.

Não interessa a ninguém? O colega deles fora assassinado, o mínimo que podiam fazer era uma pauta sobre a sua morte! Mas não consegui convencê-lo disso.

Ficamos três ou quatro dias tentando achar uma brecha, algum espaço, um outro colega do Brugger, enfim, que se interessasse pelo enigma. Meus contatos em Colônia bem que tentaram ajudar, apresentando o projeto a outros jornalistas, tudo em vão. De um modo geral, senti que o *tema* despertava uma animosidade mal-disfarçada.

Hoje me ocorre que parte disso pode ter sido culpa minha. Ao apresentar o projeto, eu falava sempre em "expedição nazista", sendo que nessa época o Terceiro Reich ainda era uma ferida não devidamente cicatrizada na consciência germânica. Mesmo assim, não bastava para explicar, de modo satisfatório, a razão de tanta hostilidade para com o meu filme. A meu ver, aquela reação só fazia aumentar o mistério, bem como os meus temores, a tal ponto que, receoso de também vir a sofrer algum "acidente", decidi encurtar minha temporada na cidade e peguei um trem, com a Anne e o meu material, rumo a Paris.

Se eu achava que as surpresas e sobressaltos haviam terminado ao cruzar a fronteira do país de Karl Brugger e Hans Günther Hauck, estava redondamente enganado.

Chegamos por volta de 4 da tarde na Gare de Lyon. Como estávamos gastando muito dinheiro, fomos para um hotel duas estrelas, perto da estação ferroviária.

Nem bem coloquei a mala no chão do quarto, o telefone toca.

Era um jornalista francês querendo marcar um *rendez-vous*.

Sobre o que seria, perguntei. Explicarei pessoalmente, foi a resposta. *D'accord*, dei o endereço, marcamos de encontrar-nos num café do lado do hotel, em uma hora.

O homem chegou e mostrou uma carteirinha de jornalista da conceituada revista *L'Histoire*, muito conhecida na França, com certa reputação de direitista.

— É o senhor que está fazendo um filme sobre a história de Karl Brugger?

— Sim, sou eu. Como o senhor sabe?

— Tenho acompanhado o caso.

O ponteiro do meu medidor de paranoia quase girou.

— A revista — prosseguiu ele — está interessada em comprar o seu material.

Algo em torno de dez mil dólares, se não me falha a memória. Que maravilha, pensei. Eu naquele sufoco, tendo até que ficar em hotel duas estrelas... a oferta não poderia ter chegado em hora melhor! Não havíamos perdido a viagem, afinal de contas.

Sim, claro, falei, vamos conversar, farei uma cópia do filme e...

Não, não, disse ele, nós queremos os originais. Queremos comprar o filme para que ele *não* vá ao ar.

Diante da minha perplexidade, o homem deu uma explicação ainda menos verossímil que as histórias do Tatunca. "A revista quer produzir algo mais elaborado no futuro, usando esse material que o senhor tem... se o senhor levar esse material ao ar agora, vai queimar o que nós queremos fazer... o seu filme não foi feito profissionalmente... o senhor fez a coisa sozinho, de modo amador... é preciso realizar uma pesquisa mais aprofundada... etc."

"De onde eu venho", pensei, "isso tem nome: enrolação."

Seria outra tentativa de acobertamento, com direito a queima de arquivo? Aliás, desde quando a *L'Histoire* produzia filmes? Eu não sabia mais o que pensar.

Recusei a estranha oferta e trouxe o filme de volta do modo como o levara, cinquenta pesadas fitas Betacam na bagagem. Posteriormente ele foi montado em Belo Horizonte e exibido no Festival de Gramado daquele ano. A revista alemã *Der Spiegel* me entrevistou a respeito do Brugger e do filme, que recebeu uma página inteira no *Jornal do Brasil.*

Infelizmente, ao contrário da película do Wolfgang Brög, o meu documentário *O caso Brugger* se perdeu e não conservei uma cópia sequer dele.

Ou seja, no final, a *L'Histoire* conseguiu o que queria.

10

Diplomata da noite para o dia

Em 85, mais uma vez de passagem pelo Rio de Janeiro, recebi notícias do meu querido Darcílio Lima, que eu não via há dez anos, depois da nossa separação tão áspera.

Aparentemente ele havia voltado ao Brasil e aos acessos de loucura que o haviam confinado na Casa das Palmeiras, onde o conheci. Estava de novo em Cascavel, sua cidade natal no interior do Ceará, morando num cemitério, seguindo se dizia.

Sem pensar duas vezes, procurei o poeta Gerardo Mello Mourão, presidente do Rioarte, uma secretaria de Cultura da época. Minha ideia era ir buscar Darcílio, trazê-lo para o Rio e promover o resgate da sua obra, inclusive fazer um filme com ele.

O grande Gerardo, que tinha duas gravuras de Darcílio nas paredes do seu gabinete, concordou em assinar o projeto Retrospectiva Darcílio Lima, que dias depois seria publicado no Diário Oficial, mas não pôde ceder dinheiro para passagens e demais despesas, pois a Rioarte não dispunha de verba para isso.

— Por que você não procura aquele cretino do Humberto Barreto e pede as passagens para ele? — sugeriu. — Ele é cearense também.

Esse desafeto do Gerardo era presidente da Transbrasil. Procurei Humberto e acabamos nos tornando amigos. Ele forneceu as passagens e todo o apoio necessário para minha operação de resgate.

Anne Jordan e eu voamos para Cascavel, onde já nos aguardava outro amigo de Darcílio, o artista plástico Fábio Rodrigues.

Em vez do elegante aristocrata proustiano, deparei-me com um mendigo de olhar perdido, cabelos ralos e mal cuidados. O homem que habitara um castelo em Angers morava agora nos fundos de uma velha igreja batista, ao lado de um cemitério. Em meio a divagações sem sentido, indiferente à nossa presença e a tudo em seu redor, dizia de forma lúgubre:

— Vim morrer aqui.

Conversamos durante horas, enquanto eu o filmava para o meu documentário sobre ele, *Alter ego*. Finalmente conseguimos entusiasmá-lo, embora não muito, a contemplar de novo o futuro, a sua criação artística, a vida. Por alguns momentos ele voltou a ser o gênio consciente do seu talento e o teórico de arte fino e polido de sempre:

— É claro que a ideia de uma retrospectiva da minha obra é fascinante. Mas não é tudo. Sempre disse que o meu trabalho precisaria de cinquenta anos para ser compreendido. Ainda não chegamos à metade desse período. O campo europeu já foi testado. O Rio de Janeiro, hoje, para mim, não passa de um aeroporto. Agora, o objetivo é preparar terreno para a ação nos Estados Unidos. É lá que deverá acontecer a próxima etapa. Penso que desta vez a arte cênica ocupará meu tempo tanto quanto o desenho. Se não fosse isso, eu morreria aqui mesmo.

De volta ao Rio, revirei céus e terra a fim de conseguir exposições em galerias e espaço na mídia para ele, empenhado em ajudá-lo a realizar o seu intento de brilhar na terra do Tio Sam, como fizera na Europa. Para isso contei novamente com o apoio de Lulu Librandi, então na direção da Funarte. Meses depois ele estaria em plena atividade, mas sem o brilho de outrora. Darcílio foi um cometa que iluminou o mundo por um instante e depois se apagou para sempre.

Em 1991, no Rio de Janeiro, aos 47 anos, morreu esquecido e sem conseguir levar sua obra aos Estados Unidos.

Desse triste reencontro ficou uma coisa boa, além da evidente satisfação de revê-lo: minha amizade com Humberto Barreto.

Humberto era como um filho para o general Ernesto Geisel, que havia perdido o seu num acidente de trem. Ao tornar-se presidente em 74, Geisel fez de Humberto o seu porta-voz e homem de comunicação. Humberto, oriundo de uma família de advogados do Ceará, trabalhou incansavelmente pela abertura política, foi quem franqueou o Palácio do Planalto aos jornalistas e negociou o fim da censura. O ocaso da ditadura deve muito a ele. Era o trio da abertura: Geisel junto aos militares, Petrônio Portela junto aos políticos e Humberto Barreto junto à sociedade civil, especialmente a imprensa.

Toda sexta-feira de noite o Humberto ia para Teresópolis, onde passava o fim de semana jogando biriba com o velho oficial gaúcho, que também tinha casa lá. Num desses fins de semana convidou-me. Geisel era muito austero e reservado, porém sociável e descontraído dentro do seu círculo de pessoas íntimas. Ele só dava entrevista ao jornalista Elio Gaspari, que mais tarde publicou uma obra muito elogiada sobre a ditadura, em 4 volumes.

Eu, que detestava todos os presidentes militares, nutria certa simpatia pelo Alemão — como seus amigos o chamavam — por seu patriotismo sincero, pela consolidação da Petrobras durante o seu governo e pela oposição aos colegas da linha dura. Comentei com ele que fui torturado no seu governo (ou dos militares); sua reação foi menos de surpresa que de incredulidade por eu me atrever a lhe dizer tal coisa.

Certa noite conversávamos sobre militares que se locupletaram no poder, e a verdade é que aparentemente nenhum dos generais-presidentes saiu rico do governo. Se algum saiu, foi hábil em esconder, mas não houve entre eles casos escandalosos de enriquecimento ilícito na política.

Desejoso de descontrair o ambiente, por pouco a emenda não saiu pior que o soneto, quando perguntei ao Geisel:

— General, o senhor jura que não tem dez milhões de dólares escondidos em contas na Suíça?

O horror se estampou no semblante de todos os presentes, mas o velho Alemão só caiu na gargalhada e, voltando ao jogo de biriba das noites frias de cidade serrana, falou ao seu ex-porta-voz:

— Você me traz cada amigo, Humberto!

* * *

O retorno a Paris seria melancólico, mas felizmente uma oportunidade de trabalho surgiu para amenizar tanto a minha nostalgia quanto a minha perpétua penúria.

Meu novo patrão era o amigo Dominique Callace de Ferluc, criador do programa *Chasseur de son*, um dos mais ouvidos na

Europa. Homem de rádio e televisão, fora o primeiro a lançar um DVD na França, e o sucesso de público permitiu-lhe a ousadia de abrir uma nova casa de espetáculos na cidade, o Theatre Espace Icare. Fui contratado por ele como diretor de comunicação, com a missão de encher o novo teatro na noite da sua inauguração. Eu tinha menos de oito semanas para realizar essa façanha.

Comecei a percorrer incansavelmente redações de revistas e jornais, emissoras de rádio e TV, conversando com centenas de assessores de imprensa, em busca de cobertura da mídia para a inauguração. Mas a concorrência era feroz. Eu estava em Paris, onde todo santo dia estreava algum filme, alguma peça, algum espetáculo musical, de dança, etc. Eu cobrava dos jornalistas, até brigava com eles, mas não adiantava: a cada manhã eu abria o jornal e nada sobre a inauguração iminente, nem uma nota, nem uma linha sequer!

A data da estreia da peça se aproximava, e comecei a entrar em pânico.

Resolvi não visitar mais jornal nenhum. Em vez disso, tive uma das ideias mais insanas e bem-sucedidas de toda a minha vida.

Coletei jornais gratuitos em cafés, metrôs e portarias, e procurei pelos anúncios de pessoas solitárias em busca de amor ou sexo, o problema da solidão que assola todas as capitais. Eu separava esses anúncios, trancava-me no hotel onde morava, e ficava escrevendo cartas a mão (escrevi mais de 2 mil) em resposta a todos eles. Para os homens que procuravam homens eu me apresentava como *gay*, dava um nome falso; para as mulheres que procuravam mulheres, eu dizia que era uma lésbica, e assim por diante. Muito religioso que sempre fui, segui ao pé da letra o exemplo em 1 Coríntios 9: "Fiz-me tudo para todos, a fim de por todos os meios ganhar alguns".

Todas as cartas marcavam encontro durante o intervalo da peça de estreia do novo teatro. A cada destinatário eu fazia uma recomendação diferente, personalizada, para efeito de identificação, como uma flor na lapela, uma revista debaixo do braço, um lenço de tal cor, etc. Diariamente eu enviava centenas dessas cartas escritas madrugada adentro, com selo de urgente.

Cinco dias antes da estreia, as reservas começaram a pipocar. Na estreia, o teatro lotou. A maioria era de homossexuais, tanto homens quanto mulheres, e velhas, uma mais feia que a outra. Por precaução, não compareci à estreia, pois se toda aquela gente descobrisse que estava lá por minha causa, eu seria certamente linchado.

Quando contei isso ao Claude Béignères, ele riu a bandeiras despregadas. Eu o havia conhecido na maratona por redações de jornais: ele era o idoso e venerável redator do caderno de cultura do *Le Figaro*. Acabei brigando com Dominique porque ele não me pagava em dia, mas fui ficando cada vez mais amigo do Claude, que inclusive me ajudava com dinheiro, pois minha situação continuava precária como sempre.

Fiquei fascinado por ele. O seu pai tinha sido amigo de Proust, a mãe, aluna de Debussy; com um *pedigree* desses, o homem só podia ter se tornado um pilar da cultura francesa contemporânea. Crítico de cinema, assistia a três filmes por dia, trocava correspondência com Luchino Visconti e era amigo de boa parte da constelação cinematográfica mundial, incluindo Fellini, Copolla e Chaplin.

Sobre este último, o jornalista francês gostava de contar um episódio pitoresco. Ele mantinha um caso com Geraldine, filha de Chaplin, à época do lançamento do último filme deste, *A condessa de Hong Kong*. Haveria, em Londres, uma coletiva de imprensa no saguão do hotel onde se encontrava hospedado o homem que Fellini definiu como "o Adão de quem todos nós, cineastas, descendemos".

Subitamente, a secretária do gênio anunciou que a coletiva fora cancelada, pedindo, no entanto, que Beignères ficasse. Enciumados, os seus inúmeros colegas jornalistas acharam que ele receberia uma entrevista exclusiva, enquanto o próprio Claude entrava em pânico, crente que, por causa do seu relacionamento com Geraldine Chaplin, receberia uma violenta descompostura do pai dela, que tinha fama de temperamental e de "grande ditador" nos *sets* de filmagem.

Na suíte do genial cineasta, após uma angustiante espera, eis que aparece o próprio e, em vez de socá-lo, dá-lhe um abraço.

— Quero lhe agradecer todo o bem que o senhor tem feito à minha filha.

Orgulhoso, Beignères contou ainda sobre sua participação no delicado esquema para ajudar o bailarino Rudolf Nureiev a fugir da União Soviética, a 17 de junho de 1961, ocasião comemorada no restaurante parisiense Maxim's.

Cheguei, mais adiante, a fazer um filme sobre a vida dele, *L'aventure du regard*, infelizmente inacabado. Começamos as filmagens na cidade de Turim, na Itália, onde se apresentava seu amigo, o bailarino Maurice Béjart. Depois continuamos no Líbano, primeiro em Beirute e depois nas gigantescas ruínas de Baalbek, na fronteira com a Síria, outrora chamada de Heliópolis, "cidade do sol", pelos gregos e romanos. Outra locação foi Cannes, cujo famoso festival de cinema ele cobria desde a primeira edição, em 1946. Lá, filmamos com Claude Lelouch,

Martin Scorcese e outra amiga de Claude, Jeanne Moreau, com quem ele já havia dividido uma *garçonnière*.

— Dividimos a mesma cama durante anos, mas nunca juntos — assegurou-me.

Guardo os seus depoimentos para o meu filme como preciosidades, que sempre me impressionam pela lucidez e aspecto categórico:

"Precisamos dizer, sempre, que o cinema depois dessa globalização, mundialização, etc., tornou-se algo que perdeu sua nacionalidade, sua cultura de origem. Seja ela francesa, americana, brasileira ou outra... agora, os franceses fazem filmes americanos, os americanos fazem os melhores filmes franceses que existem, ingleses fazem filmes mais escoceses que ingleses, enfim, a desordem se instalou. Mas tudo isso não é exatamente um problema porque, finalmente, a gente se vê diante de uma coisa que até é engraçada, exaltante. Penso que estamos vivendo um período crítico e a gente fica com uma certa *nostalgie* (especialmente as pessoas de minha idade) porque tivemos a felicidade de testemunhar o esplendor dos anos 60, quando os grandes prêmios começaram indo para Buñuel e continuaram com Bergman..."

Em contraste com o célebre chauvinismo francês, ele também seria enfático analisando o sucesso do *Titanic*, por exemplo:

"É um filme que resume tudo que pode existir de mais formidável inventado pela tecnologia... uma coisa que vai direto ao coração das pessoas. Uma verdadeira apoteose, diria ele. *Titanic* é o máximo que foi feito na área do filme-catástrofe, assim como do filme dramático, do filme de suspense. Depois dele, os cineastas seriam obrigados a procurar outra coisa".

Cansado de mendigar daqui, colher migalhas dali, eu estava decidido a voltar para o Brasil. Claude achou que isso poderia ser arriscado e procurou me dissuadir, dizendo que conseguiria um emprego para mim na Unesco, onde tinha amigos.

E conseguiu.

Fui trabalhar na Organização das Nações Unidas para a Educação, a Ciência e a Cultura como contínuo, *office-boy* e faz-tudo, ganhando menos que um porteiro. Mas pelo menos conseguia comprar a baguete nossa de cada dia. E continuava, a cada três meses, jogando meus passaportes no rio Sena.

Depois de certo tempo trabalhando na Organização, fiz amizade com alguns diretores. Em dada ocasião contei ao diretor de Cultura, chamado Henri Lopes, africano do Congo e autor de alguns livros, que havia conhecido Catherine Deneuve, a quem eu procurara na esperança de que me ajudasse na divulgação do novo teatro. A Bela da Tarde pouco pôde fazer, mas ficamos amigos e tiramos fotos juntos. Ora, o sonho de Henri era fazer um roteiro, baseado num dos livros dele, para um filme estrelado por Catherine. A partir daí passou a me assediar para que eu a apresentasse a ele, e que a convencesse a fazer o tal filme.

Henri Lopes acabou falando de mim ao novo diretor-geral, que, homem curioso e de espírito aberto a inovações, inclusive as mais arrojadas, fez o gesto extremamente inusitado de me convidar para almoçar consigo. Numa organização de 2 mil funcionários, ser convidado para almoçar com o diretor-geral é uma tremenda distinção.

Recém-eleito diretor-geral da Unesco, oitavo desde a sua fundação em 1946, o cientista e poeta catalão Federico Mayor Zaragoza era a epítome do diplomata internacional: culto, refinado e na flor dos seus cinquenta e poucos anos, além de muito cônscio da sua importância na paisagem cultural global. Mayor contou-me com indisfarçável orgulho sobre a sua formidável trajetória acadêmica, que o levara a ser ministro da

Educação e Ciência da Espanha, depois da queda do franquismo. Falou também de sua amizade com o rei Juan Carlos, razão pela qual a filha caçula deste, a infanta Cristina, estava fazendo estágio na Unesco.

Impressionado, eu lhe disse, com a minha habitual franqueza e estupidez:

— Mas o senhor é o desconhecido mais importante do mundo!

Sua elegância fidalga não poderia fazer contraste maior com a minha rusticidade plebeia:

— Pois caberá a você tornar-me conhecido.

A partir de então, ele me convidava a almoçar todo santo dia. Virei uma espécie de assessor ou assistente do diretor-geral, na prática um faz-tudo. Eu era "dom Carlos" e ele "dom Federico".

Admitido na intimidade do diretor-geral, procurei de todas as formas tirar proveito da minha nova posição e tornar-me imprescindível para ele. Sabendo da minha experiência como cineasta e documentarista, confiou-me diversas atribuições como uma espécie de colaborador de audiovisual.

Uma oportunidade de melhorar o meu cartaz junto ao diretor-geral surgiu quando constatei que os arquivos da Organização encontravam-se num estado de conservação deplorável. Registros cinematográficos preciosos dos quase cinquenta anos de existência da instituição, com personalidades do porte de Indira Gandhi, Paul Valéry e Sartre, além de chefes de estado e monarcas em visita à sede da Unesco, achavam-se a um passo da putrefação. Documentos manuscritos por Sigmund Freud, Walt Disney, Thomas Mann, Gabriela Mistral e Miguel de Unamuno corriam risco de virar cinzas.

Numa manhã de sábado, esperei por ele à entrada da sede e, empunhando uma câmera que mal sabia usar, pedi-lhe com urgência:

— Dom Federico, por favor, venha comigo ao subsolo!

O diretor-geral, que jamais tinha vistoriado aquele local repleto de arquivos de filmes e fotos, ficou primeiro estarrecido, depois furioso; até hoje guardo comigo as tomadas dele boquiaberto diante do que via. A situação era tão grave que, dias depois, em relatórios das perícias oficiais por ele exigidas, o corpo de bombeiros confirmou os altíssimos riscos que aquele material inflamável representava. O edifício sede da Unesco, diziam, podia ir pelos ares!

O processo de recuperação do material danificado seria lento e caro. Mas a memória da Organização estava salva, e Federico Mayor sabia que eu havia contribuído para isso.

Estávamos sempre juntos, eu era o papagaio de pirata dele. Isso provocou uma ciumeira furibunda no pessoal do andar de cima, os outros diretores. Afinal, pensavam, quem era esse zé-ninguém, até ontem confinado ao almoxarifado, que agora não desgrudava do diretor-geral? O que fez para merecer uma posição tão privilegiada esse imigrante ilegal de um país subdesenvolvido? Quais as suas credenciais? Quais os seus títulos?

— Todos os dias me pedem a tua cabeça — o próprio Mayor me contou numa ocasião. — Sei que fiz uma loucura promovendo você, mas agora não sei o que fazer para calar essa gente!

Ele então ligou para o RH e mandou trazerem a minha ficha. Ao ler o meu currículo, constatou que era uma folha em branco, apenas com meu nome escrito.

— Eles têm razão — disse —, assim não é possível!

Ligou para a secretária e pediu uma relação de faculdades em Pernambuco. Em seguida ele mesmo, de próprio punho, encheu meu currículo com "diploma de pedagogia na universidade tal e tal", "mestrado nisso", "doutorado naquilo".

Meses depois, a roda da fortuna alçou-me ao ponto culminante da minha vida: fui nomeado diretor de serviços audiovisuais da Unesco, setor de grande importância na Organização.

Essa nomeação foi um tapa na cara dos diplomados em Oxford, Harvard e Sorbonne que clamavam contra mim. Eu, que não tinha nem o curso primário, era agora o patrão de alguns deles!

Um exemplo demonstra bem o tipo de mal-estar que o meu ascendente junto ao diretor-geral causava nos demais diretores. Eu estava há três anos nesse cargo, quando Mayor nomeou uma canadense diretora de Comunicação da Unesco; eu, portanto, respondia a ela. Um dia, ao me ver conversando com Mayor no escritório dele, chamou-me depois para me repreender, dizendo-me que eu estava proibido de me aproximar do diretor-geral, pois isso era uma quebra de hierarquia. Expliquei-lhe da melhor maneira possível que, hierarquia ou não, o diretor-geral e eu éramos amigos.

E aí comecei a viajar com ele pelo mundo. Virei diplomata da noite para o dia.

Uma das primeiras grandes missões internacionais da Unesco de que tomei parte foi o encontro secreto (ou quase) entre o líder sul-africano Nelson Mandela e o líder palestino Yasser Arafat, de importância diplomática histórica. Essa reunião aconteceu em Dakar, capital do Senegal.

Cumpre dizer que uma das principais características da gestão de Federico Mayor à frente da Unesco foi o prosseguimento da política do seu antecessor, o senegalês Amadou--Mahtar M'Bow, cuja abertura para os países africanos havia provocado a saída dos norte-americanos e dos ingleses (sempre subservientes ao Tio Sam) da Organização. Isso a deixou mais pobre, como agora, com a sua decisão de aprovar a entrada da Palestina como estado-membro pleno, fazendo com que os EUA, em represália, suspendessem a ajuda econômica à Unesco.

Providenciamos para que Arafat, grande amigo do Mayor, e Mandela — recém-saído da prisão e pela primeira vez em outro país — se encontrassem não na sede presidencial em Dakar, como propôs o presidente senegalês Abdou Diouf, um dos poucos que sabiam do encontro secreto, e sim numa casa do governo destinada a hóspedes oficiais.

Embora sigiloso, o encontro foi todo monitorado pelo serviço secreto israelense e norte-americano. Tirei dessa ocasião uma foto belíssima, histórica, em que só aparecem o *kefiah* axadrezado do Arafat e o cabelo lanoso do Mandela. Esteve presente também o octogenário Félix Houphouët-Boigny, primeiro presidente da Costa do Marfim, afetuosamente chamado de Le Vieux, um doido varrido que fez construir uma réplica da Basílica de São Pedro no meio da selva. Aquele povo miserável não tinha água encanada, mas tinha a maior e mais luxuosa igreja do mundo, com colunas de pórfiro, entalhes de ouro, marfim, e um vitral em que o próprio presidente figura como um dos três Reis Magos.

Pouco depois, Le Vieux seria patrono de um dos principais prêmios da Unesco, o Houphouët-Boigny da Paz, cujos primeiros laureados foram o próprio Mandela e o presidente sul-africano Frederik de Klerk, que assinou a libertação dele. Outro contemplado, além de Arafat, foi o presidente Lula, em 2008.

Sendo o encontro "meio" secreto, não havia equipe de filmagem, apenas eu. Embora não fosse *cameraman*, fiz todas as filmagens e fotos, pois não havia mais ninguém que fizesse, e por essa mesma razão eu tinha que carregar sozinho um equipamento pesadíssimo para lá e para cá.

Na volta, quando o jatinho particular emprestado por um presidente africano ficou pronto para decolar, dirigimo-nos à aeronave, o Mayor à frente, rodeado por ministros, professores, etc., e eu atrás, quase me arrastando sob a pesada carga de câmeras, fitas e holofotes. Ele parou; todos pararam também. Então ele veio me ajudar, e os puxa-sacos fizeram o mesmo, depois seguimos em frente, Mayor e eu, sem nada nas mãos, enquanto eles carregavam o equipamento todo atrás de nós, como escravos. Por pouco não nos carregaram também.

No voo de retorno a Paris, o diretor-geral creditou o sucesso daquele encontro às negociações diplomáticas de Leila Shahid, nomeada por Arafat a primeira representante da OLP e, indiscutivelmente, a verdadeira sucessora do líder palestino.

— O mundo inteiro ainda vai ouvir falar muito dessa mulher fora do comum — disse Federico Mayor.

Hoje não são poucos os que, como eu, reconhecem que Leila Shahid estava para Arafat como Dilma Roussef para o então presidente Lula ao ser ungida candidata à sua sucessão.

Uma das operações mais delicadas e nobres encabeçadas pelo meu chefe, e que demonstrou a influência que ele tinha na África, foi a retirada do nigeriano Wole Soyinka, prêmio Nobel de Literatura de 86, do seu país.

A Nigéria estava dominada por uma nefasta ditadura militar, com um general pior que o outro se sucedendo na presidência. Soyinka, talvez o maior dramaturgo africano de todos os tempos, que já amargara quase dois anos de prisão, vivia sob prisão domiciliar, monitorado dia e noite pelo governo autocrático. Mesmo assim, ele era uma força política poderosa, devido ao conteúdo explosivo de suas peças, e os generais o temiam. Em um telefonema com o próprio presidente nigeriano, o corrupto e sanguinário Sani Abacha, Mayor sentiu, pelo conteúdo subliminar da conversa, que os dias de Soyinka estavam contados. Decidiu então tirá-lo da Nigéria.

Juntamente com o então chefe de gabinete do diretor-geral, o etíope Salomon Haillou, participei dessa missão, que envolveu negociações com o governo francês para que participasse da empreitada. Por fim, com a ajuda do presidente Mitterrand, que inclusive emprestou um avião para trazê-lo, conseguimos inventar uma solenidade qualquer em Paris, à qual Soyinka supostamente participaria e depois voltaria para Lagos, capital da Nigéria. Uma vez na capital francesa, Soyinka naturalmente não retornou. Em represália, Sani Abacha declarou-o traidor *in absentia* e morreu no ano seguinte, de parada cardíaca, segundo a versão oficial, ou envenenado por um de seus inúmeros inimigos.

Não muito depois de nossa chegada de Dakar, recebemos na Organização ninguém menos que o secretário-geral da URSS, Mikhail Gorbachev, que viera para uma visita de três dias à capital francesa.

Pouco tempo antes, em 1988, o líder russo anunciara que a União Soviética abandonava oficialmente a doutrina Brejnev, permitindo que países do Leste Europeu adotassem regimes democráticos, se o desejassem. A Guerra Fria chegava ao fim, e don Federico soube então que caberia à Unesco um papel de fundamental importância no novo processo que se instalava na região. "Especialmente", disse ele, visionário que era, "quando as duas Alemanhas, capitalista e comunista, se reunificarem", exatamente o que aconteceu no ano seguinte.

Credenciamento de centenas de jornalistas, cerco policial de todo quarteirão onde fica a sede da Unesco, dezenas de cães farejando cada centímetro por onde passaria a comitiva: esse era o ritual que precedia visitas oficiais daquela importância, e ao qual já estávamos acostumados.

Acompanhado por seu ministro das Relações Exteriores, Eduard Shevardnatze, Gorbachev encontrou-se com o presidente da França, reunião da qual participamos Mayor e eu, e que teve como pauta o desarmamento, além de lançar as fundações da Cruz Verde Internacional, um dos principais promotores da Carta da Terra, assinada em 1994.

O grande sonho do Mayor era receber o Nobel da Paz, ele ou a Unesco, e acredito que personalidade nenhuma faria mais jus a essa premiação do que ele.

Infelizmente o meu amado Mestre, Paulo Freire, não pensava dessa forma, e a alegria de reencontrá-lo depois de tantas vicissitudes juntos e da nossa separação dolorosa mais de vinte anos antes, foi levemente nublada pela sua animosidade contra a Organização de que eu me orgulhava tanto de pertencer.

Num filme que fiz com ele, e que mais tarde foi exibido num congresso em Bruxelas aquando do seu falecimento, o Mestre não poupou críticas à Unesco. Para Paulo Freire ela representava o que havia de pior em matéria de educação no planeta, era uma "nulidade total", que só desperdiçava tempo e recursos, em vez de se dedicar de modo concreto à educação mundial.

Apesar da opinião dele, que me magoava um pouco, eu fazia o que podia para que o Brasil estivesse na agenda da Organização.

Uma janela para isso se abriu quando conheci o professor Raymond Cantel, decano da Sorbonne e um dos mais aplicados especialistas em literatura de cordel de todos os tempos.

Em seu apartamento na Place de la Republique havia estantes inteiramente ocupadas por milhares e milhares de exemplares de livretos de cordel, comprados ao longo de décadas no interior de Pernambuco, Alagoas, Paraíba, Rio Grande do Norte e Ceará. Após o seu falecimento, por determinação testamentária todo esse rico acervo foi doado à Universidade de Poitiers, onde hoje se encontra digitalizado e conservado em salas cuidadosamente refrigeradas, para serem estudados por pesquisadores do mundo inteiro.

Indignado com o descaso por esse trabalho de pesquisa pioneiro e inestimável, consegui sensibilizar o governador da Paraíba, Cássio Cunha Lima, inclusive levando-o à universidade, em Poitiers. Na ocasião, conforme a imprensa francesa publicou, minha proposta ao governador e à reitoria da escola foi a criação de um Prêmio Raymond Cantel de Literatura de Cordel, ideia que infelizmente não vingou, devido a certa leviandade cultural reinante em nosso país.

A maior surpresa em nossa visita ao laboratório universitário ocorreu quando o reitor nos levou a uma espécie de cofre-forte, ao qual poucos tinham acesso e que guardava as peças mais raras da coleção. De uma caixa de madeira ele retirou um velho maço de papéis amarelados.

— Sabem o que é isso? Originais do clássico *Casa-grande & senzala*, de Gilberto Freire.

Anos depois o meu padrinho Edson Nery da Fonseca, biógrafo e certamente o mais próximo dos amigos do príncipe dos sociólogos, confirmou que aquela preciosidade chegara às mãos de Raymond Cantel através do professor Enrique Rodríguez Larreta, antropólogo ligado à Universidade Candido Mendes.

— Na verdade — contou Edson Nery — os originais de *Casa-grande & senzala* desapareceram; o que demos ao ilustre pesquisador francês foram anotações manuscritas em provas da famosa obra, feitas pelo grande sociólogo.

Minha promoção na Unesco significou também um aumento considerável no meu salário: nunca ganhei tanto dinheiro na vida. E também jamais gastei tanto. Eu levava minhas extravagâncias ao extremo de viajar a São Paulo para passar um dia inteiro namorando e voltar a Paris.

A despeito dessas dissipações, minha vida social não fazia jus aos atrativos da Cidade Luz. Eu morava agora num belo apartamento vizinho à Unesco, na Place de Fontenoy, e raramente saía dele à noite. As pessoas diziam que eu não morava em Paris, e sim em Jaboatão-sur-Seine. O filho de uma colega da Organização deu sua festa de noivado num castelo nos arredores da capital, e uma colega insistiu tanto para eu ir, que acabei indo com ela.

E foi assim que conheci Laurence Cawet.

Mignone, uns quinze anos mais nova que eu, trabalhava como vitrinista no Quartier Latin. Era uma falsa loira muito bonita, de olhos azuis. Puxei conversa, ela me contou que morava com um cabeleireiro português, mas a relação entre os dois não andava boa. O pai dela, um comerciante de tintas, havia feito fortuna com uma tinta dourada impermeável criada por ele, que até hoje recobre todos os monumentos de Paris, resistente à chuva, ao sol, ao tempo.

Em dado momento Laurence ergueu um cigarro apagado entre os dedos e me perguntou:

— Tem fogo?

— Muito — respondi.

Na semana seguinte Laurence saiu da casa do cabeleireiro português e se mudou para o meu apartamento, pequeno demais para abrigar o piano de cauda que trouxe consigo. Rapidamente ela engravidou, quando então nos mudamos para um apartamento bem maior, também na Place de Fontenoy, onde o piano dela cabia com folga. Durante esse tempo, Laurence estudou fotografia e se tornou uma fotógrafa bastante competente.

Na Áustria, estive presente à II Conferência Mundial de Direitos Humanos. Chegando a Viena, o primeiro encontro de Federico Mayor foi com o presidente albanês: o confronto entre albaneses e sérvios havia acabado de eclodir na área desmilitarizada de Preservo. Mayor teve papel fundamental nas discussões que permitiriam a suspensão de alguns conflitos na região.

Realizada em diversos níveis e em reuniões diferentes, muitas vezes simultâneas, a conferência contou com a participação de delegações oficiais de 171 estados, reuniu cerca de duas mil organizações não-governamentais e teve outras oitocentas creditadas como observadoras. Ao todo, cerca de dez mil pessoas estiveram presentes.

Numa bela manhã de sábado de primavera, Viena, a despeito da temperatura amena, fervia com os tumultos e protestos barulhentos causados pelo evento. Tendo já saudado o bispo sul-africano Desmond Tutu, Prêmio Nobel da Paz, o diretor-geral da Unesco recepcionava naquele dia o ex-presidente americano Jimmy Carter, reunião que o meu *cameraman* e eu filmávamos.

Subitamente, comecei a me sentir mal. Cansaço, tonteiras, ameaças de desmaio. Pedi para que providenciassem uma cadeira, urgentemente, e caí ali mesmo, num sono profundo de quase três horas, segundo meus acompanhantes. Quando acordei, ainda me sentindo péssimo, falei a don Federico que talvez fosse melhor eu voltar a Paris, mas ele disse para eu aguentar até segunda-feira, quando voltaríamos todos. Passei o fim de semana inteiro de cama.

Na segunda, chegando em casa, Laurence me daria a notícia:

— Seu pai faleceu no sábado, lá em Recife.

O falecimento do professor Agnísio Marques de Souza ocorrera justamente na hora em que eu havia passado inexplicavelmente mal em Viena.

François Mitterrand, o magnífico presidente da França, ia pelo mesmo caminho que o meu pai: encontrava-se gravemente enfermo, e, talvez prevendo o seu fim para breve, decidiu conceder a Mayor a célebre Légion d'honneur, a mais cobiçada das condecorações oficiais da França.

Formalíssimo e muito cuidadoso com a saúde do chefe de estado francês, o cerimonial do Palais de l'Élysée, residência oficial do presidente, avisou-nos que a cerimônia seria rigorosamente privada, com acesso restrito a familiares do condecorado e convidados mui seletos.

Na reduzida lista de Federico Mayor figuravam sua esposa, filhos e netos, além de Jacques Cousteau, o cientista Luc Montagnier, o famoso descobridor do vírus da AIDS, e mais dois ou três amigos íntimos. Como a presença de jornalistas foi proibida, ele me pediu para filmar a cerimônia, mas tive que pedir autorização junto aos assessores presidenciais. A permissão foi concedida, mas eu deveria seguir à risca certas recomendações, do tipo:

1) Chegar com meu equipamento de filmagem duas horas antes, instalá-lo na biblioteca particular e fazer, antecipadamente, medição de luz e todos os testes necessários.

2) Não fazer nenhum deslocamento, sozinho ou com a câmera, durante o rápido evento.
3) Retirar-me imediatamente após a colocação da condecoração no peito do homenageado.

Cheguei à hora combinada e cumpri rigorosamente as instruções do cerimonial à risca, instalando-me pacientemente na suntuosa biblioteca. Então aconteceu algo totalmente inusitado: com passos lentos, expressão cansada e tão surpreso quanto eu mesmo, surgiu à porta ninguém menos que o presidente Mitterrand em pessoa, vestindo um *robe de chambre*.

— *Qui êtes vous?* — perguntou-me à queima-roupa.

Sem demora expliquei-lhe a situação e me apresentei, dizendo o meu nome sem o contundente sotaque francês. Ele tentou repeti-lo:

— Karl Marx?

O presidente soltou uma sonora gargalhada. Conversamos por uns quinze descontraídos minutos.

Mais tarde, concluída a solenidade, e chegada a hora do brinde e da champanha, como é costume na França, um assessor me segurou pelo braço para me expulsar, quando então ressoou a voz do presidente:

— Karl Marx, fique!

Mayor não entendeu essa intimidade, pois ignorava que Mitterrand e eu já tivéramos tempo de nos conhecer duas horas antes, ou seja, que éramos praticamente velhos camaradas.

Essa familiaridade foi demonstrada de novo na última visita do presidente à Unesco, às vésperas de sua morte, para uma solenidade qualquer.

Eis que chega o comboio presidencial de limusines escoltado por motocicletas. Toda a diretoria da Unesco encontra-se à entrada para recepcioná-lo, no térreo.

Um segurança abre a porta do carro do presidente, ele desce, bate o olho em mim, e a primeira coisa que diz é:
— Karl Marx!
Ele e o Mayor, que conhecia a história, caíram na gargalhada, mas todos os que achavam que eu não merecia estar na Unesco ficaram verdes de despeito diante dessa intimidade do presidente da França comigo.
Naquele momento minha sentença de morte foi assinada.
Se do presidente Mitterrand pude guardar essa lembrança afetuosa, o mesmo não posso dizer do seu sucessor, o então prefeito de Paris, Jacques Chirac.
Meu único diálogo com ele teve lugar na sede da Organização, em maio de 93, no dia em que Yitzhak Rabin, Shimon Peres e Arafat receberam o Prêmio Houphouët-Boigny, quase uma prévia para o Nobel da Paz, pois muitos dos laureados viriam a receber também o cobiçado prêmio sueco.
Dois dias antes dessa solenidade, um trágico acontecimento abalara o cenário político francês: o ex-premiê da França, Pierre Bérégovoy, havia estourado a cabeça com um tiro, à beira de um lago numa bucólica cidadezinha chamada Nevers, acuado por acusações de irregularidades e corrupção na sua gestão. Impossível, portanto, naquele dia, conversar com qualquer político francês de expressão sem mencionar o ocorrido.
Como eu estava filmando a premiação, ao me ver diante de Chirac cercado por assessores e seguranças, disparei uma de minhas perguntas inconvenientes:
— Até que ponto, no dia de hoje, o senhor tem vergonha de ser um político francês em atividade?
Felizmente nenhum diretor presenciou a cena, do contrário minha insolência teria custado o meu emprego. O prefeito de Paris ficou furioso.

— Considero sua pergunta ofensiva, inoportuna e indigna de um funcionário internacional — repreendeu-me, quase me atropelando, grandalhão que era, com seus passos largos e desengonçados, fazendo sinal aos seguranças para me afastarem dele.

Aliás, a partir daquele momento, todas as vezes que eles me identificavam num aglomerado de personalidades, cercavam o chefe, impedindo toda e qualquer aproximação minha ou do *cameraman* com quem trabalhava. As mesmas atitudes se repetiriam sempre que Chirac e eu nos víamos noutras solenidades, na Unesco ou fora dela. É uma honra para mim ter sido detestado por um idiota desses, que quando presidente realizou nefastos testes nucleares na Polinésia Francesa, chamou o presidente Fernando Henrique de "presidente do México" e foi condenado, este ano, a cumprir pena de prisão por desvio de verbas públicas. Ri muito ao saber que foi parar no hospital após ser mordido por seu próprio cãozinho maltês.

Em setembro de 91 a missão foi na cidade de Praga, capital da extinta Tchecoslováquia, onde o escritor e dramaturgo Václav Havel, presidente da República, nos receberia para a realização do Fórum Internacional sobre Cultura e Democracia, que reuniu políticos, intelectuais, artistas e jornalistas.

A delegação da Unesco foi liderada por Federico Mayor e pelo brasileiro Eduardo Portella. Do Brasil, vieram o então senador Fernando Henrique Cardoso, Jorge Amado, Zélia Gattai e alguns outros intelectuais de envergadura. Esteve presente também a ex-adida cultural da França, Annick Thebia, decerto a mais brasileira de todos os diplomatas franceses que já serviram no país, mulher inteligente, culta e profunda conhecedora da paisagem cultural brasileira, sempre rodeada pela nata da intelectualidade. Jorge Amado dizia que, no saguão do hotel, ela estava sempre "comandando a massa".

— Annick é baiana! — brincava ele com a amiga.

Aos comunicativos e ruidosos brasileiros juntavam-se o espanhol Jorge Semprún e o francês Alain Touraine.

Como de costume, precisei fazer uma visita antecipada ao palácio presidencial — o estupendo Castelo de Praga, o maior do mundo —, a fim de preparar as filmagens da audiência do presidente da República com o diretor-geral da Unesco. Para minha maior surpresa, depois das formalidades de praxe, fui conduzido ao gabinete presidencial, onde dezenas de jovens assessores e seguranças, sorridentes, afáveis, descontraídos, cabeludos e calçando sandálias, destoavam da fauna que tradicionalmente cuida de palácios. A razão disso é que o presidente Havel, intelectual de prestígio internacional, escritor e dramaturgo, havia arregimentado sua *entourage* das hostes artísticas que frequentava.

Ele próprio, quando cheguei ao palácio, não estava no seu gabinete, e sim à beira da piscina, onde me recebeu de bermudas, sem camisa e com um sorriso de homem de bem. Nada mais coerente para uma personalidade conhecida por seu engajamento na resistência não-violenta, ícone da Revolução de Veludo, em 1989, e presidente eleito da Tchecoslováquia no mesmo ano.

— Bebe alguma coisa? — perguntou-me sem rodeios.

Longe das formalidades diplomáticas e mais ainda das pesadas discussões políticas, nossa conversa versou sobre questões literárias. Ele me perguntou sobre a dramaturgia brasileira, demonstrando conhecer a obra de Nelson Rodrigues bem melhor que eu.

Também ele, como o presidente Mitterrand, reagiu com uma gargalhada ao ouvir o meu nome.

— Venham conhecer, finalmente, Karl Marx! — falou aos assessores.

Em dado instante, fiz a ele uma revelação de peso:

— Presidente, hoje à noite, na cerimônia de abertura do evento da Unesco, o senhor vai conhecer o futuro presidente do Brasil.

Referia-me, claro, ao senador Fernando Henrique Cardoso, cuja vitória nas eleições que se aproximavam era dada como certa.

Um dos membros do cerimonial veio anunciar a chegada de don Federico Mayor e sua comitiva unesquiana para a audiência programada. Apressado e sem maiores formalidades, o presidente pediu que lhe trouxessem terno e gravata. A camisa ele vestiu ali mesmo, colocando a calça de vinco impecável por cima da bermuda.

De noite, no salão nobre onde ocorria a sessão de abertura do Fórum, à chegada do presidente tcheco os convidados perfilados começaram a ser-lhe apresentados, um por um. Quando chegou a vez do senador Fernando Henrique, Havel lembrou-se de nossa conversa e chamou-o de "presidente". Atônito, FHC respondeu com um bem-humorado "ainda não!"

Nunca antes, em toda a minha vida, eu estivera numa posição de tamanho acesso à vida privada dos grandes e poderosos. Por exemplo, fiquei muito amigo da infanta Cristina da Espanha, que fazia estágio na Unesco.

Na época, o grupo terrorista ETA estava promovendo uma onda de atentados, por isso Cristina vivia acompanhada por diversos guarda-costas e por uma idosa amiga da família real, espécie de tutora da princesa que se encarregava da agenda dela. Cristina se interessava por todos os assuntos tratados pela Organização, e em recepcionar as personalidades mundiais que vinham constantemente à Unesco. Fazia parte da sua formação.

Eu via muito a infanta, pois trabalhávamos no mesmo andar. Fiz um filme com ela, que se submetia aos meus caprichos de diretor. Cristina tinha queda para atriz, gostava de ser filmada, e se soltava de um modo que certamente não se permitia fazer no Palácio Real em Madri. Diante de terceiros eu a chamava, como todo mundo, de "Alteza"; mas na intimidade, ela era simplesmente Cristina.

Vida de princesa não é fácil. Toda vez que ela queria usar banheiro, precisava avisar a velha tutora, que avisava os seguranças, que vasculhavam o banheiro com detectores de metais, e só então ela podia ir. Ela não tinha liberdade para fazer coisa alguma. Não podia sair, ir ao cinema, ir às compras, nada do que uma mocinha gosta de fazer. Namorar, então, nem pensar.

Uma vez que o rei Juan Carlos e a rainha Sofia vieram visitar a filha na Unesco — após uma operação de segurança de tempo de guerra, que incluiu um pente fino do edifício inteiro por cinquenta cães farejadores, e o posicionamento de vigias e atiradores em lugares estratégicos —, Cristina apresentou-me aos pais como seu "guardião".

E já que falo de princesas e reis, não poderia deixar de mencionar minha amizade com o rei Pelé.

Conheci o Pelé e fiquei amigo dele em 75, quando ele foi à França acompanhando a Seleção Brasileira para um jogo amistoso. Em 94, Pelé foi embaixador da Boa Vontade, nomeação conseguida por mim, junto ao Mayor.

Toda vez que ele vinha a Paris, onde se hospedava no soberbo hotel George Cinq, eu agia como seu cicerone. Havia uma piada que ele adorava e vivia pedindo para eu contar, repetidas vezes. Não é a mais engraçada que já escutei, mas aí vai:

Um crioulo diz para um branco:
Quando você nasce, é rosado.
Quando tem medo, fica amarelo.
Quando está com raiva, fica vermelho.
Quando doente, fica cinza.
Quando morre, fica cor de cera.
Eu, quando nasço, sou preto.
Quando tenho medo, fico preto.
Quando estou com raiva, fico preto.
Quando doente, fico preto.
Quando morro, continuo preto.
E você ainda tem coragem de me chamar de "homem de cor"!

Saíamos juntos sempre. Uma vez ele quis comprar gravatas, então o levei à Faubourg Saint-Honoré. Ainda era cedo, estava tudo sossegado. De repente, quando olhamos para a rua, ela estava completamente abarrotada de gente por causa dele, foi necessário chamar a polícia para escoltá-lo de volta ao hotel. Isso era uma constante: para onde eu ia com ele, multidões ajuntavam-se.

Ele sempre me pedia para eu lhe arrumar umas garotas bonitas. Um dia saímos para jantar, ele acompanhado de uma amiga minha que eu havia lhe apresentado. Chegaram uns suecos ao restaurante, e como acontecia sempre, fizeram festa para ele, que então começou a dar autógrafos, posar para fotos, etc. Ele foi para a mesa dos suecos e eu fiquei conversando com a minha amiga. Da outra mesa, Pelé me olhava com raiva.

Em dado momento fui ao bar; ele foi atrás de mim e, irritadíssimo, acusou-me de estar dando em cima da mulher *dele*.

Tentei apaziguá-lo:

— Ora, Pelé! Você acha que em vez de dar para o Atleta do Século, essa mulher vai querer dar para mim, um zé-ninguém feio pra caralho?

Todas as manhãs, quando ia buscá-lo no hotel com o carro da Unesco, eu tomava um susto ao ver o seu cabelo duro todo arrepiado. Ele sempre viajava com um pente imenso, de ferro, para manter aquela carapinha sob controle.

Um dia fui levá-lo ao aeroporto, e a suíte dele sempre tinha muitas frutas, flores, etc. Ele me disse que pusesse as frutas numa sacola e as levasse para mim. Respondi que as frutas não me interessavam muito, ao passo que aqueles talheres de prata... então abri minha bolsa e comecei a enchê-la com aquela prataria toda. Ele ficou enfurecido:

— Vão pensar que fui eu que roubei esses talheres!

— Imagina, Pelé, vão saber que fui eu. Todos acham que eu sou teu motorista mesmo.

Outro episódio com poderosos quase deu um duplo sentido ao termo "vida privada".

Fidel Castro era visto na Europa como um mero ditador sanguinário. Os europeus não abriam as portas para ele. Na sua primeira visita a Paris foi recebido primeiro pela Danielle Mitterrand, depois pelo presidente. O seu segundo dia ele passou na Unesco.

Como na época falava-se muito em Perestroika e na queda do muro de Berlim, ele temia ser derrubado do poder, e tinha ido à Europa com o propósito de ver, antecipadamente, onde iria se refugiar. Sua intenção era morar na Espanha, para onde aonde a maioria dos ditadores sul-americanos de fala espanhola, como Perón, se dirigia. Fidel já andava à procura de uma mansão por lá.

Mas é claro que a imprensa não sabia disso. E nem tampouco que ele se encontrava, então, com problema na próstata.

Paris fervilhava de jornalistas ansiosos por entrevistar o ditador cubano. Numa certa ocasião, havia umas mil pessoas ao redor dele. Então ele me chamou e disse:

— Não estou aguentando mais, preciso mijar!

No lugar onde estávamos, precisávamos passar por mil pessoas para chegar ao banheiro. Eu então o puxei para trás de uma cortina, saímos pela janela, pulamos o muro, e o levei a um outro banheiro da casa, para os funcionários. Por pouco não precisei também balançar o charuto dele.

No ano seguinte, na ECO-92, ele se lembrou de mim, e retribuiu o favor. Pois apesar de tirano, Fidel Castro era capaz dessas pequenas gentilezas, que faziam parte do seu gigantesco carisma.

Num almoço oferecido aos chefes de estado e vedado aos jornalistas, como eu não podia tirar fotos do evento e nem tampouco ir à cozinha sem ser revistado, entreguei uma pequena câmera a Fidel e combinamos que ele, em dado momento, iria cumprimentar os cozinheiros. Eu já o aguardava na cozinha, onde ele me entregou a câmera e eu pude "roubar" algumas fotos exclusivas desse grande acontecimento.

Mas isso foi depois. Antes disso eu precisava concluir o filme de abertura da ECO-92.

Poucos documentários tiveram um elenco de tanto peso político quanto *Land ahoy*, ou *Terra à vista*. João Paulo II,

Jacques Cousteau, Barbara Hendricks, Nelson Mandela, Boutro Boutros Ghali e outros. Sem falar que a produção desse documentário me levou a países que eu jamais havia sonhado conhecer. Apesar disso, e embora tenha cumprido sua missão, *Land Ahoy* é um filme que eu não faria de novo, mera coletânea de depoimentos formais de chefes de estado, não o tipo de obra que dá muita margem à criatividade de um cineasta.

Como os meus desafetos tentariam todos os entraves burocráticos possíveis para impedir que a verba da produção fosse liberada para mim, don Federico cometeu mais uma ousadia: abriu uma conta no meu nome e depositou 300 mil dólares nela. Isso causou um escândalo, foi visto como um favoritismo evidente e inaceitável. Mais tarde, concluídas as filmagens, sobraram 80 mil dólares, que eu devolvi, para perplexidade do Mayor. Era a primeira vez que se via algo semelhante na Unesco.

— Todos pedem para dobrar o orçamento — disse ele —, mas você fez tudo com um valor *abaixo* do orçamento!

Mesmo assim eu, com a minha mania de grandeza (pois estava na Unesco!), achava que o filme deveria ter dimensões planetárias. Afinal, a ECO-92 seria a primeira vez, na história da humanidade, em que tantos chefes de estado (mais de cem) se reuniriam.

Pois bem, na época não existia ainda a TV alta definição. Discutia-se qual sistema de HD deveria prevalecer no mundo: o japonês ou o norte-americano. Sugeri que propuséssemos aos norte-americanos e japoneses que financiassem o filme no seu próprio sistema. Então o Mayor me mandou ao Japão.

Em Tóquio, por meio dos canais diplomáticos, pedi uma reunião com a cúpula da NHK, que é a Globo ou a BBC do

Japão. Quando cheguei, no último andar do edifício, estavam me aguardando os nove dirigentes da empresa, presidente, vice-presidente, diretores, etc. Nenhum deles apertou a minha mão, apenas curvaram a cabeça. Sentamo-nos a uma mesa enorme, eu sozinho de um lado, os nove juntos do outro, e todos me estenderam os seus cartões de visita. Por último entrou na sala uma japonesa, mais feia que bater na mãe, e sentou-se ao meu lado. Ela seria a minha intérprete.

Comecei a explicar o meu projeto, argumentando que a Unesco, por intermédio do documentário que eu dirigia, poderia ser uma excelente vitrine para o sistema HD. Quando a intérprete fez a tradução, percebi que ela falava francês como a cara dela. Eu não entendia o que ela me dizia, e senti que eles tampouco estavam entendendo o que eu dizia por intermédio dela. Ou seja, ninguém estava se entendendo.

Comecei a ficar nervoso, e, vendo que a coisa não fluía, pedi para adiarmos a reunião, alegando que eu precisava, antes de prosseguir, entrar em contato com o escritório da Unesco em Tóquio. Uma nova reunião foi agendada para o dia seguinte.

Eu precisava urgentemente achar uma intérprete que prestasse. Mas não conhecia ninguém no Japão e não queria recorrer ao escritório da Unesco em Tóquio, pois se eu fizesse a coisa pelos meios oficiais, meus desafetos em Paris procurariam me sabotar.

Fui correndo para o hotel, peguei o *Herald Tribune*, jornal distribuído em redes internacionais de hotéis, e fui para a seção de anúncios de acompanhantes, procurar uma puta francesa em Tóquio. Havia centenas. Escolhi uma tal de Jeanne, telefonei para ela e marcamos um encontro no hotel.

Jeanne chegou vestida para um programa. Era muito atraente, esbanjando o glamour natural das francesas. Cumprimentei-a na recepção, levei-a para o bar e expliquei a situação. Eu não precisava dos serviços sexuais dela, e sim de uma intérprete. Depois de me assegurar que ela falava japonês perfeitamente, inclusive gírias (Jeanne morava há muitos anos em Tóquio), ofereci a ela o dobro do que ela cobrava pelo programa — que devia ser uns 100 ienes — e ainda a possibilidade de conhecer futuros clientes de alto escalão. Ela aceitou. Pedi que me encontrasse ali de novo no dia seguinte, com uma roupa menos chamativa.

À hora marcada, ela chegou usando um *tailleur* bastante apropriado, e fomos juntos para a NHK. À mesma mesa de reuniões, diante dos mesmos executivos do dia anterior, apresentei Jeanne como intérprete da Unesco. A simples presença dela pareceu melhorar o humor dos japas. A reunião transcorreu de modo bem mais produtivo. Escolada, Jeanne entendia os comentários que os japoneses, na certeza de que não os entenderíamos, faziam um para o outro, e discretamente os sussurrava ao meu ouvido. Consegui convencê-los a participar do projeto, a reunião foi um sucesso. Depois disso, levei Jeanne comigo a todos os encontros e reuniões de que participei, paguei generosamente pelo serviço dela e voltei a Paris.

No fim das contas essa viagem e o meu esforço todo foram em vão: a produção era muito modesta para fazer jus ao custo que a implantação do sistema HD envolveria.

O único saldo positivo dessa ida ao Japão foi que, mais de um ano depois, Jeanne, em visita aos parentes na França, telefonou-me, contando que havia conseguido uma enorme quantidade de clientes de alto gabarito graças a mim. Agora ela faturava muito mais que antes, era uma acompanhante VIP, não mais uma puta de jornal, e por isso desejava me agradecer pessoalmente.

Bem mais produtiva — ainda que não sexualmente — foi a minha visita ao sultão de Omã, Qabus bin Said Al Said, com o qual passei duas semanas hospedado em seus suntuosos palácios, um deles na própria capital, Mascate, na extremidade oriental da Península Arábica.

Conhecendo seus audaciosos projetos sobre meio ambiente, especialmente em defesa de um animal em extinção, o órix — espécie de antílope com chifres muito longos —, decidimos incluí-lo em nosso roteiro. O seu domínio pessoal na matéria impressionou a todos. Sua preocupação sincera com o meio ambiente ameaçado e seu entusiasmo com a gestão de Federico Mayor levou este a tentar criar um prêmio especial com o nome do sultão, iniciativa que, infelizmente, não se concretizou.

Para concluir o filme, faltava apenas o depoimento de um dos chefes de estado agendados, o mais importante de todos: o papa João Paulo II.

Cartaz de *Carnaval, o aval da carne*, com ilustração de Darcílio Lima

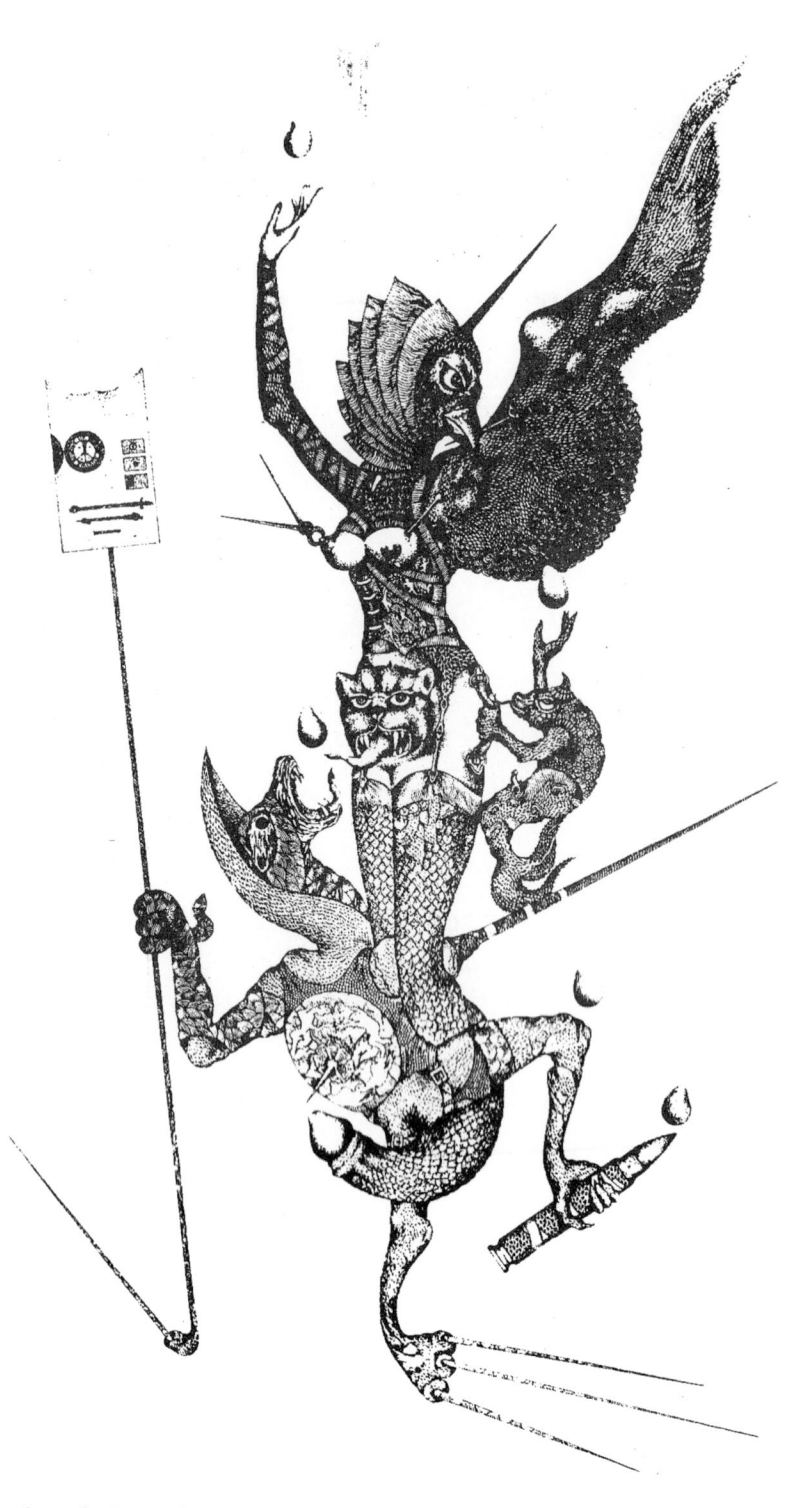

Desenhos de Darcílio Lima

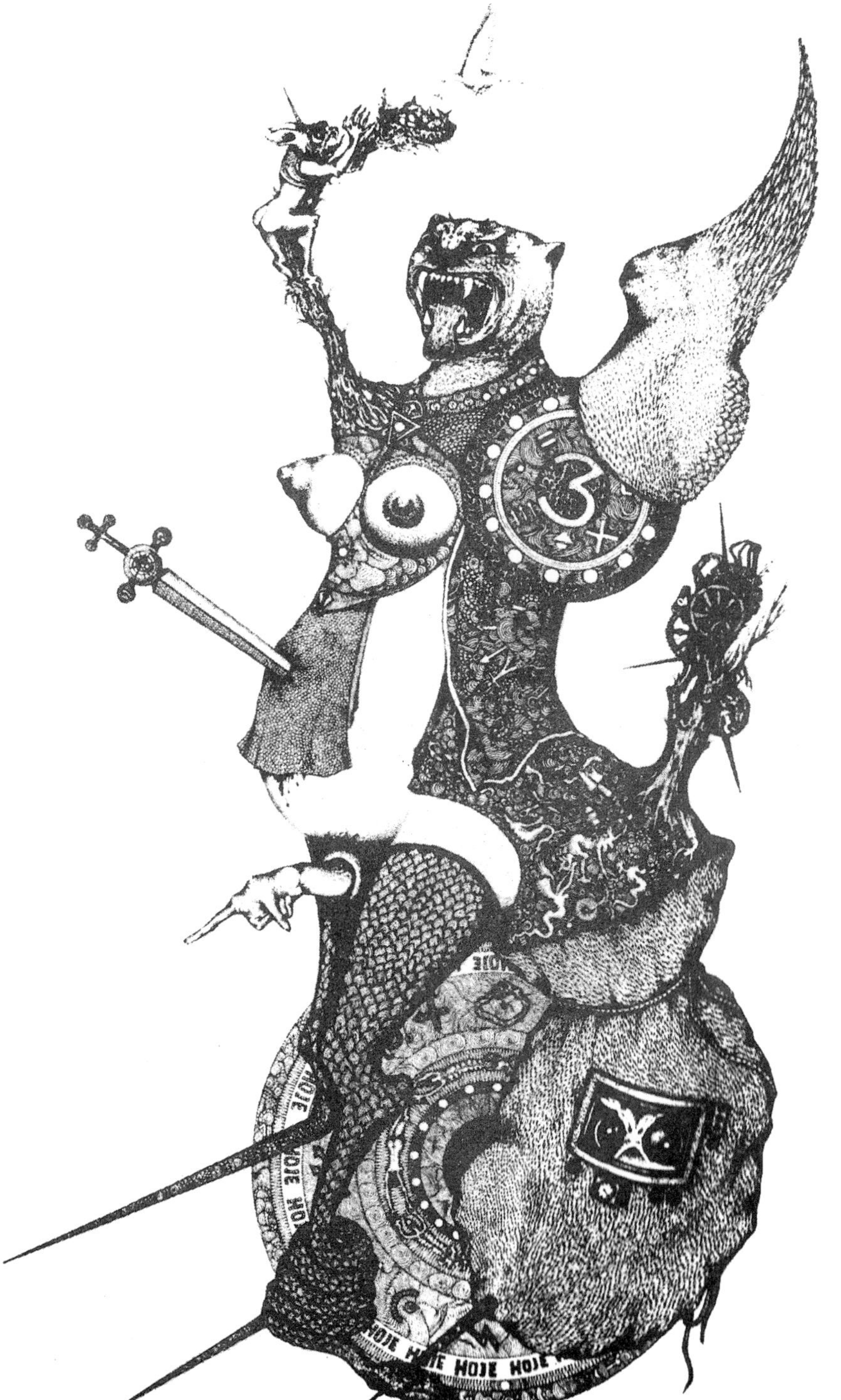
HOJE HOJE HOJE

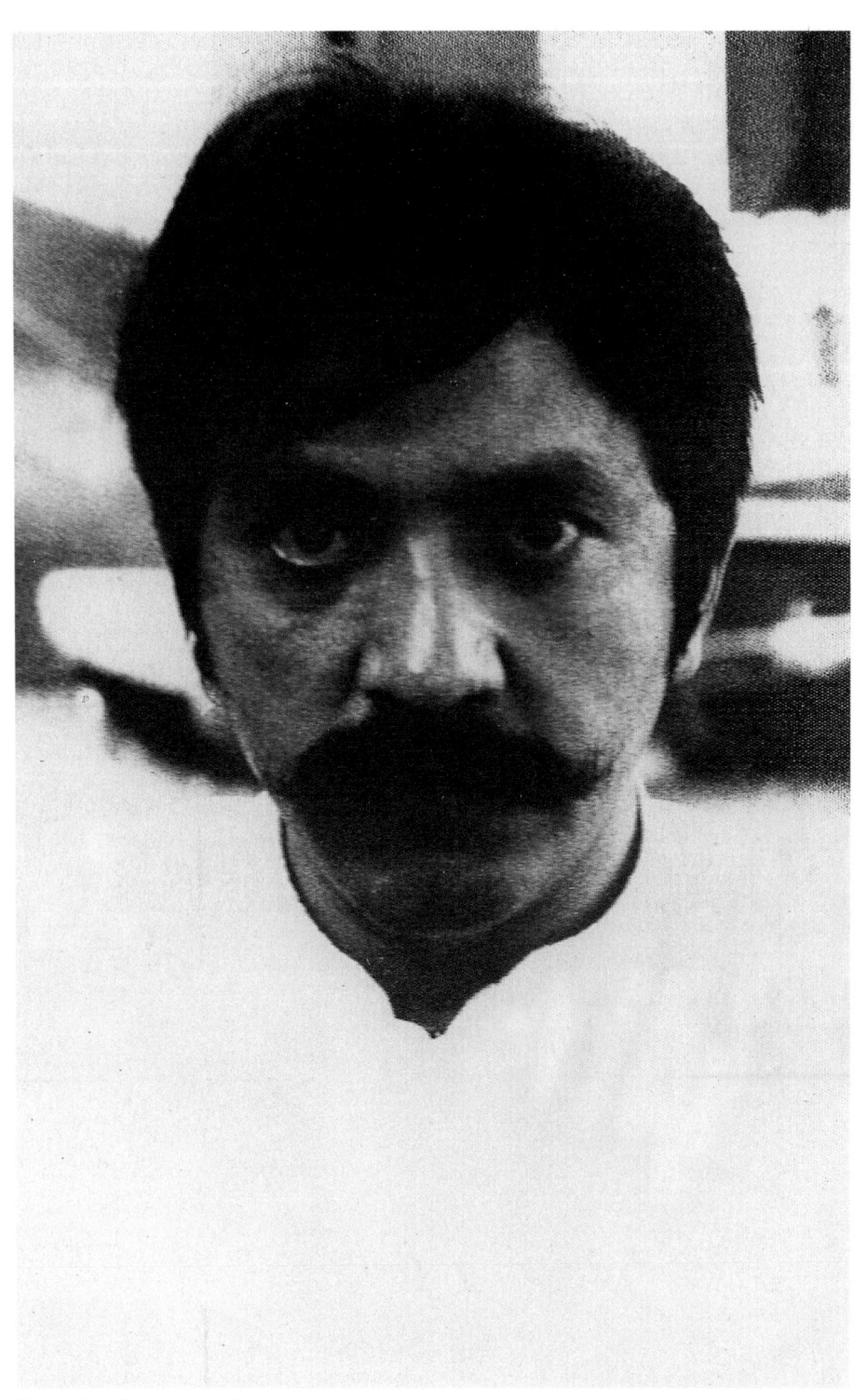

Darcílio Lima ainda jovem, no apogeu criativo

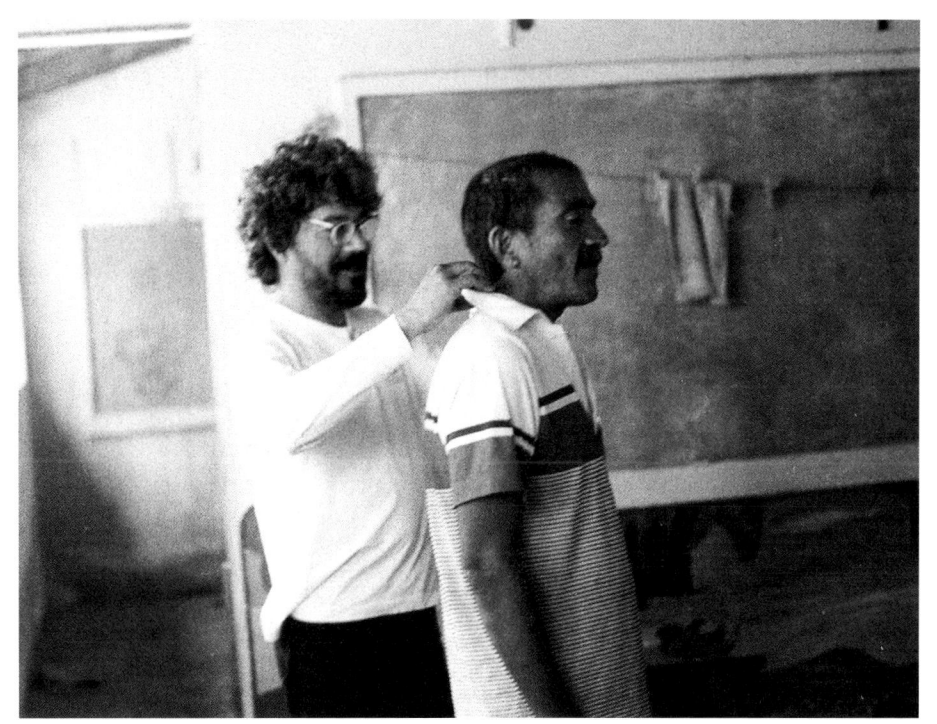

Darcílio Lima, decadente, morando num cemitério em Cascavel, no Ceará, em 1985

Darcílio Lima, eu e Anne Jordan

Darcílio se despede da vida

Queridos

Voltei para morrer em minha cidade natal. Estou numa vida de oração na minha Igreja Batista. Saudades. Adeus e amor

Darcílio Lima
Brasil, Cascavel Ce. 85

Raymonde em 2008

dp debates

O MENSAGEIRO DO ESPAÇO

Curitiba vai sediar, no outro mês, o Seminário Internacional Sobre Ufologia - encontro que debaterá, oficialmente, um tema controvertido e, hoje, mais do que nunca, da moda: os discos voadores. Tais aparelhos, de fato, têm sobrevoado a Terra, ultimamente, com maior intensidade que a usual, merecendo a atenção dos órgãos oficiais e provocando discussões até mesmo nas faixas populares.

Carlos Marques, jornalista, estudioso, pesquisador internacional assunto e um dos principais organizadores do seminário, é o entrevistado de domingo, por DP DEBATES.

"Os discos voadores sempre sobrevoaram a Terra"

CARLOS MARQUES: Posso garantir que há episódios, efetivamente, escabrosos, de pessoas que já conversaram pessoalmente com os extra-terrestres, de outras que se comunicam telepaticamente com eles e de algumas que já viajaram em suas naves

DP: Por quais razões o senhor está convencido da existência dos discos vo[adores]

Especialista em discos voadores

Meu filho Taoana

Apoena e Taoana nos Alpes

Com Raimundo Fagner

Claude Béignères e Charles Chaplin, 1971

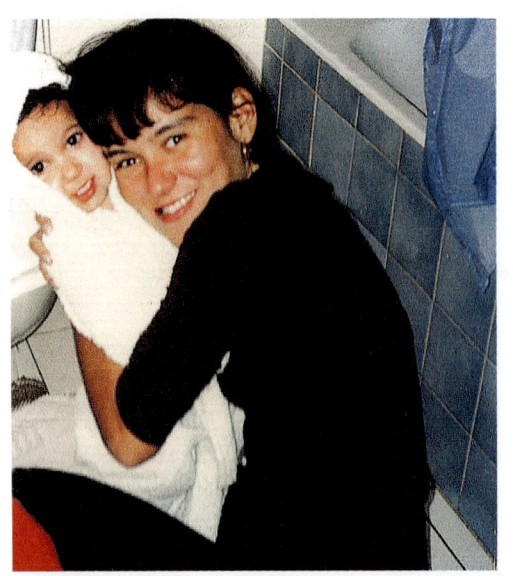

Minhas
filhas Juliana
e Maitê

Com Maitê

Laurence

Eu e minha esposa Vaneza, que me acompanha nesses novos tempos, nos jardins da casa do pintor Claude Monet em Giverny, nos arredores de Paris, junho de 2012

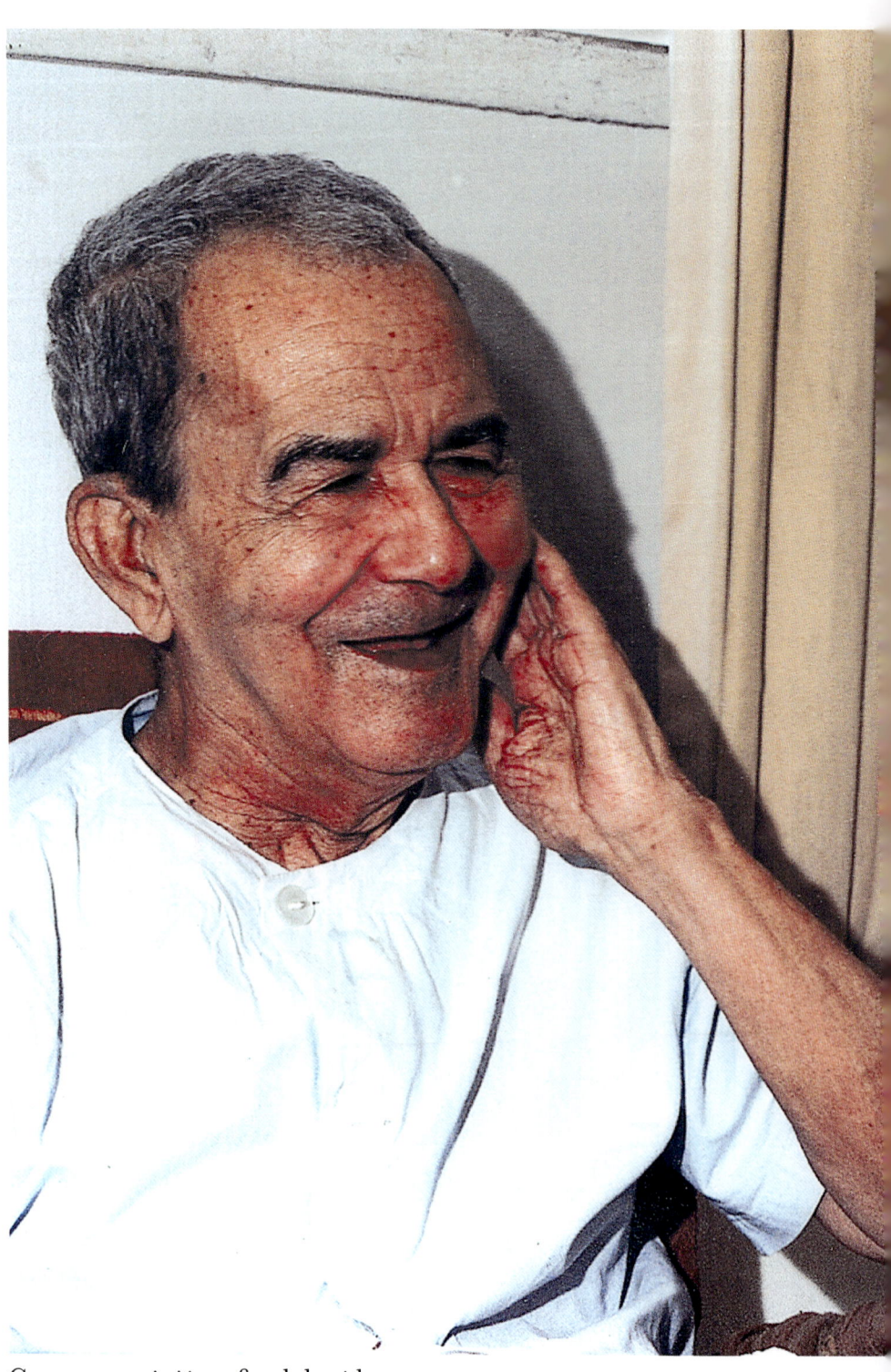

Com meu pai, já no final da vida

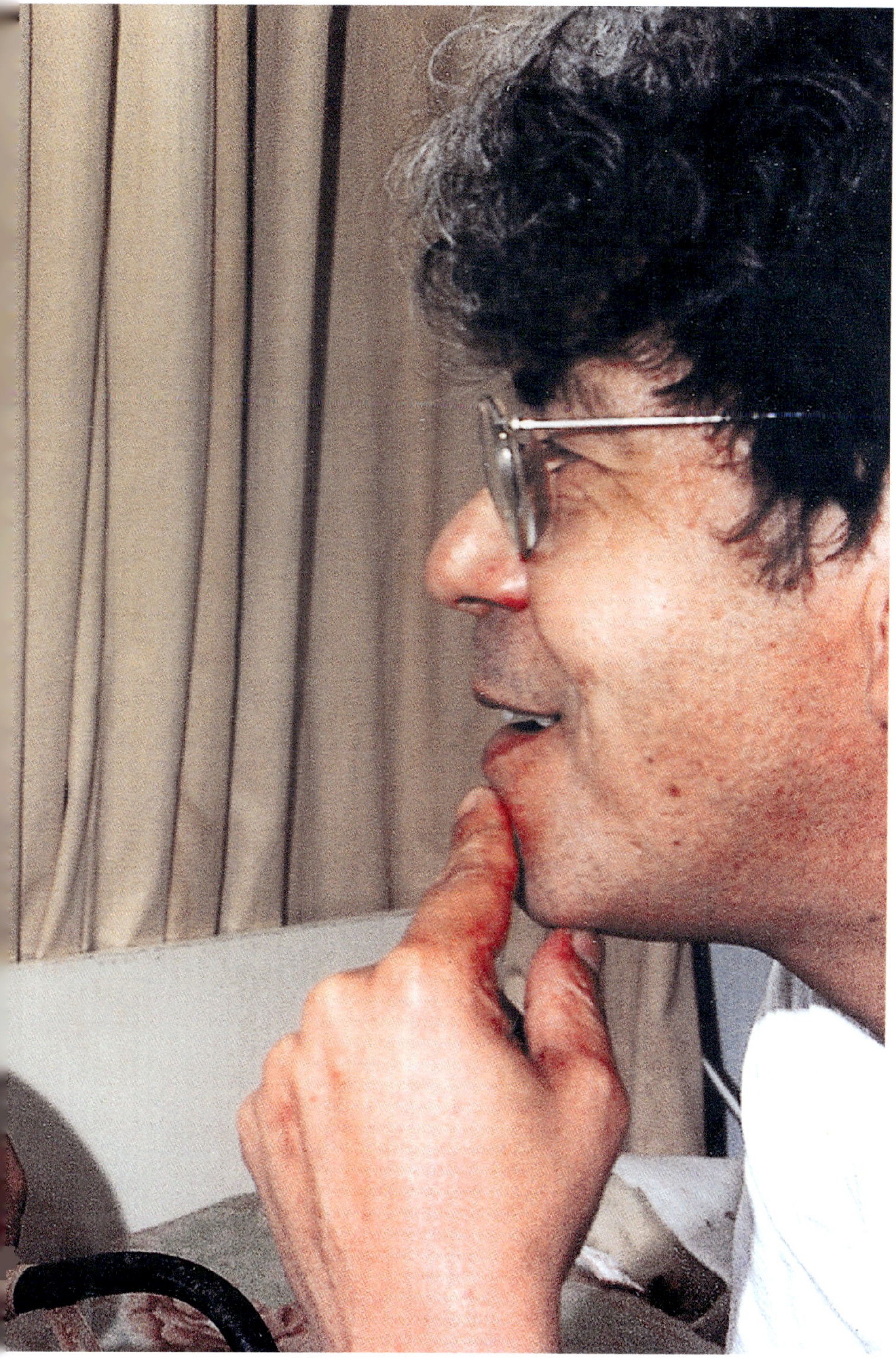

Filmando com Anne Jordan

Filmando Jacques Cousteau

Com o líder palestino Yasser Arafat...

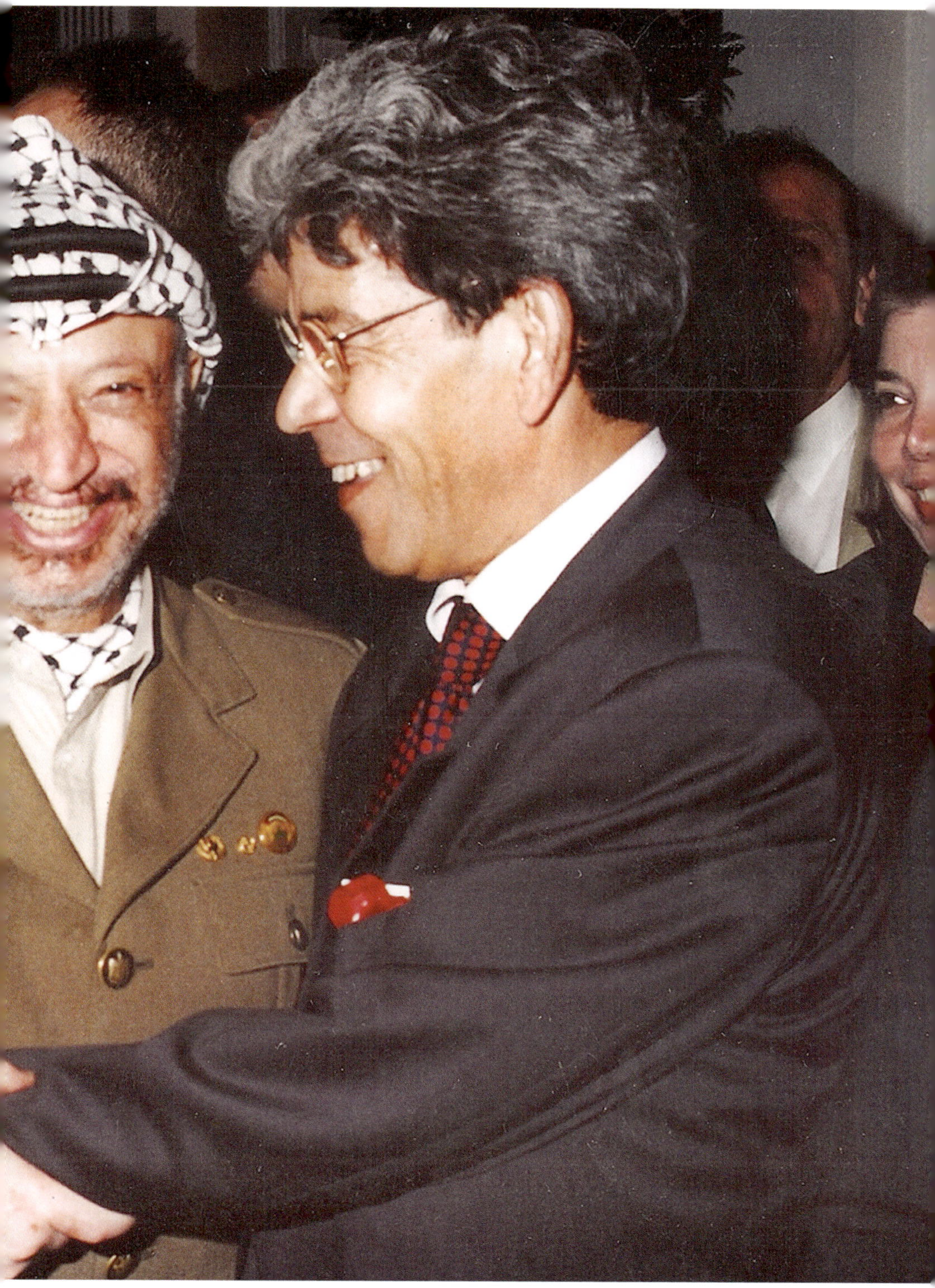

...e o famoso encontro de Arafat com Mandela

© Carlos Marques

Com Abbé Pierre, fundador do grupo Emaús, Federico Mayor e a atriz Marisa Berenson

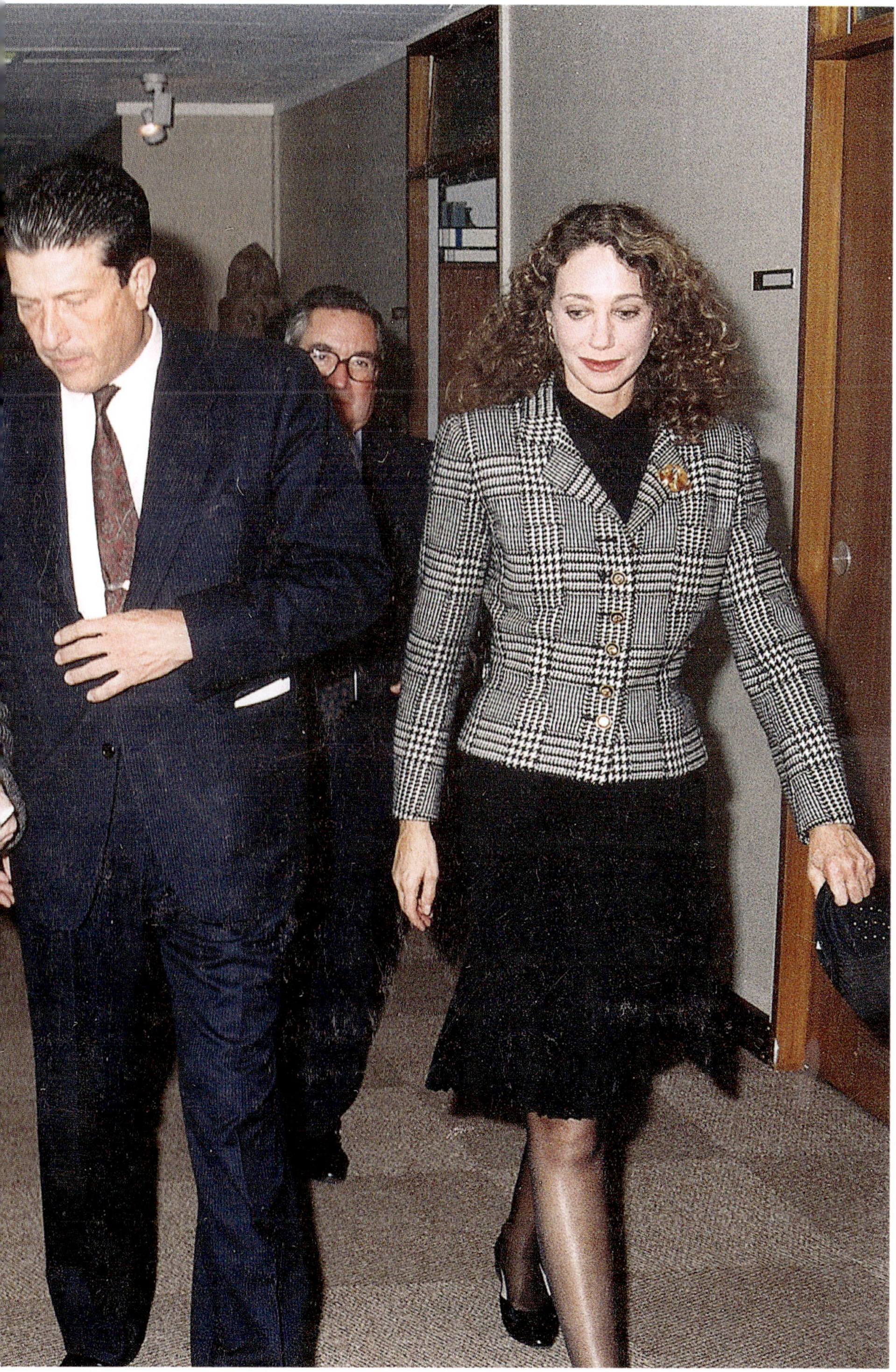

Com o então secretário-geral da União Soviética, Mikhail Gorbachev

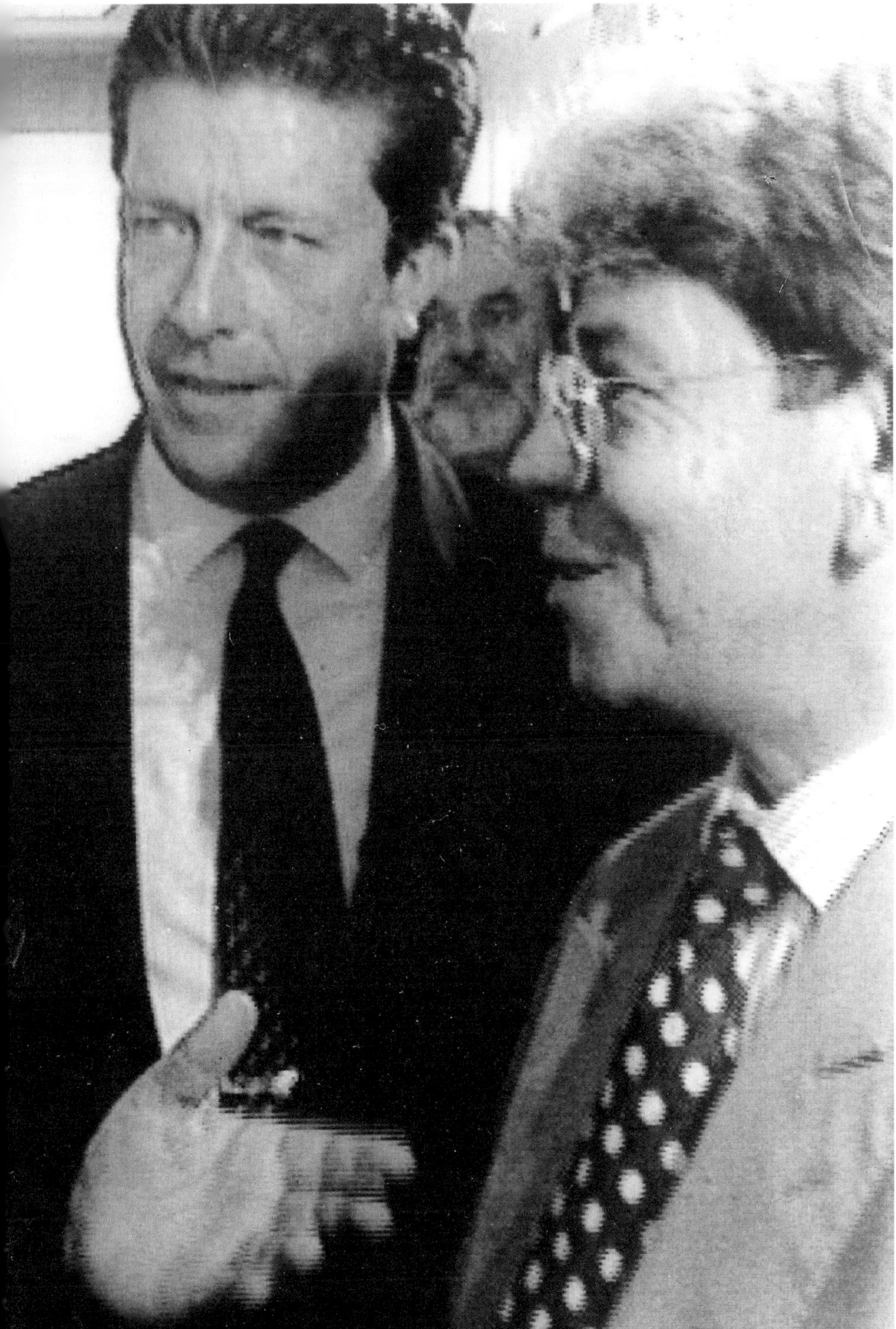

Com o ministro das Relações Exteriores da URSS, Eduard Shevardnadze

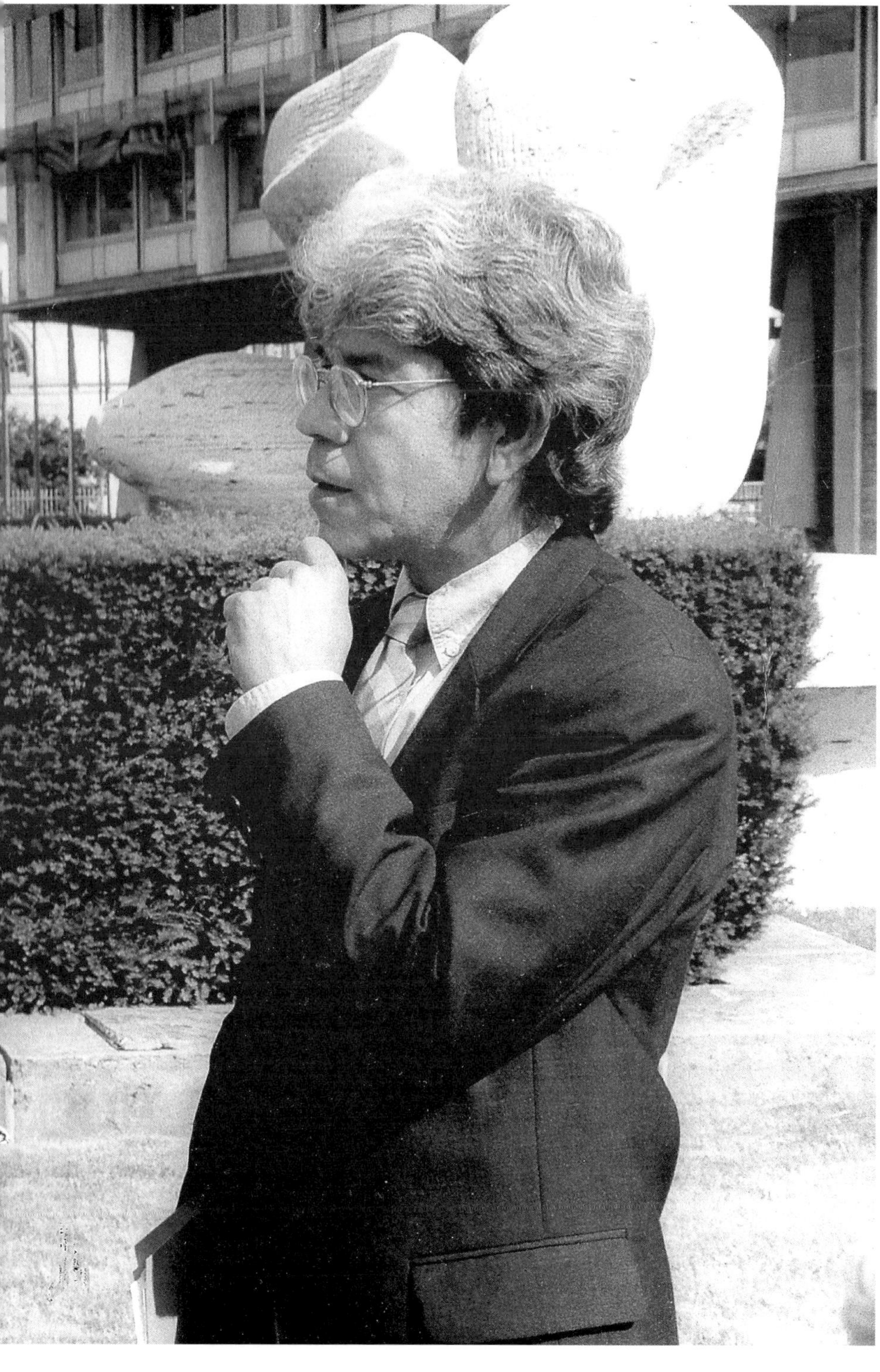

Vaclav Havel (o louro), presidente da Tchecoslováquia, no Fórum Internacional sobre Cultura e Democracia

Com Pelé, para quem consegui título de "Embaixador da Boa Vontade"

Com o papa João Paulo II, com quem passei um final de semana em Castelgandolfo

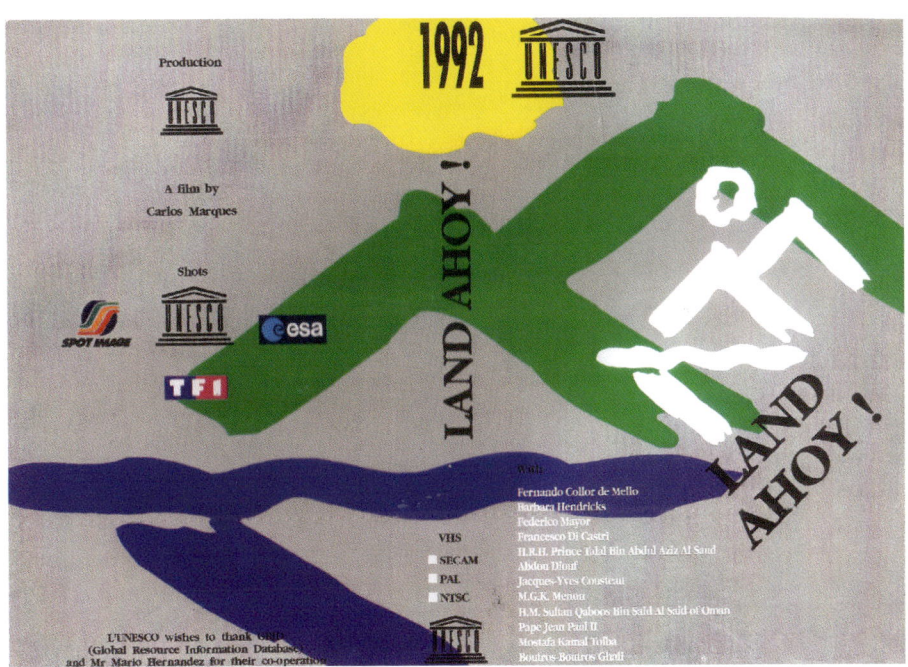

Capa do vídeo feito para a Eco-92

Com o ex-presidente Collor e o jornalista Sebastião Nery, observados pelo então porta-voz Claudio Humberto, 1991

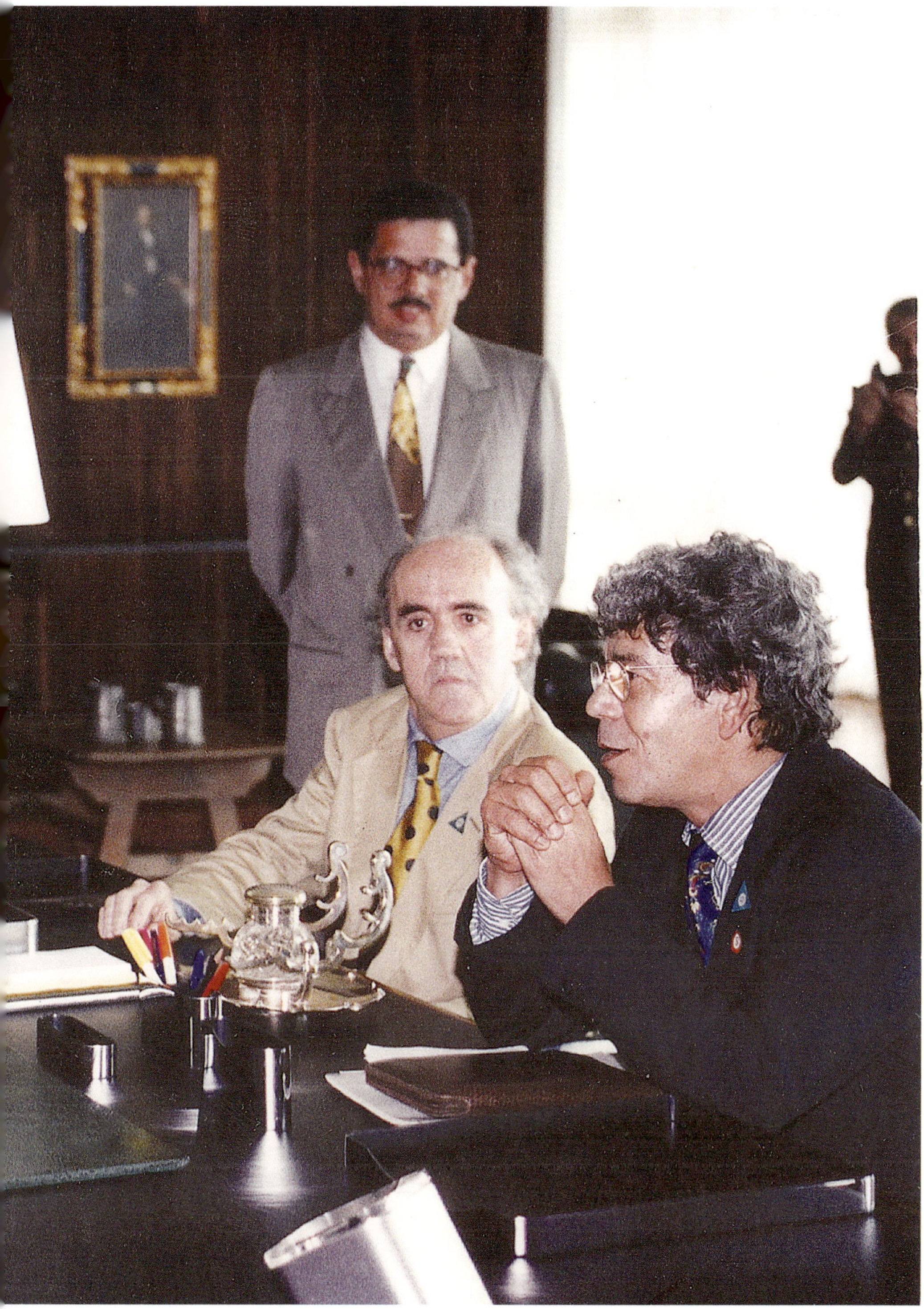

Com o ex-presidente Lula e a então ministra da Casa Civil, Dilma Rousseff: imagens para o segundo volume destas memórias

EPÍLOGO

Lá sou amigo do santo

O HOMEM EM TRAJES BRANCOS que nos recebeu na sua majestosa biblioteca particular não era mais o polaco espadaúdo e de voz estentórica de antes do atentado que quase o matara dez anos atrás. Aos 70 anos e aparentando 90, o líder mais popular e influente do século XX, pai espiritual de um bilhão de almas, era um ancião alquebrado e parcialmente sedado por medicamentos. Ninguém poderia prever que ele viveria mais quatorze invernos.

Sentamo-nos os três, monitorados por cardeais que espiavam pela porta entreaberta. Mayor tomou a palavra e começou a falar sobre a queda do muro de Berlim, que enterrou o comunismo na Europa, e sobre a nova causa de Slobodan Milosevic, o nacionalismo sérvio, assuntos que supostamente interessavam a Sua Santidade. Porém, o tom didático do diretor-geral visivelmente cansava o idoso pontífice, que começava a pescar.

— O mundo, neste último decênio do século XX, apresenta-se totalmente diferente das décadas anteriores — arengava Mayor com sua voz monocórdia. — Em 1989, a palavra "globalização", quase como efeito mágico, percorreu o planeta e, pela primeira vez, na história moderna, um cenário político se mostra favorável à integração de boa parte da humanidade num sistema econômico, político e social comum...

Nada disso era novidade. A audiência havia sido marcada para tratarmos da participação papal em nosso filme documentário. Mas o Mayor não falava nada sobre isso. Depois dos comentários políticos, pôs-se a discorrer sobre o que gostava: ciência, educação e cultura.

O papa cochilava.

Quietinho e sem abrir a boca, como mandava o protocolo, comecei a ficar preocupado. O tempo da audiência estava terminando, e nem uma palavra do meu patrão sobre o propósito de nossa visita. Em vez disso, o diretor-geral prosseguia, compulsivamente, com a sua lenga-lenga diplomático-científica-educacional-cultural. O homem era tão acostumado a discursos longos, enfadonhos e protocolares, que nem se importava se estava sendo ouvido ou não. Eu quis desesperadamente dar-lhe um pontapé por debaixo da mesa. Mayor já viera de má vontade, e agora não parava mais com a ladainha unesquiana.

Subitamente o Vigário de Cristo abriu os olhos, deitou as mãos abertas sobre a mesa e se levantou: era o sinal de que a audiência estava encerrada.

Eu não podia acreditar. Fora tudo por nada. Não havíamos sequer mencionado o meu filme!

Os cardeais, vendo o gesto do papa, entraram seguidos de fotógrafos oficiais e do meu *cameraman* já em ação, filmando tudo. Era chegado o momento dos suvenires aos visitantes: santinhos, livros e rosários abençoados por Sua Santidade. Os diálogos e cumprimentos que se seguiram não deixavam espaço para outra abordagem além de amenidades e despedidas formais. Eu sorria de raiva.

Nossas mulheres entraram para as fotos de praxe.

— Brasileirra, brasileirra! — entoou o Santo Padre quando Laurence lhe beijou o anel.

— Não, Santidade, ela é polonesa — respondi, querendo ser engraçado.

Tiramos uma bela foto, Laurence e eu, junto com o papa. (Pouco depois, na mansão do velho Cawet, pai de Laurence, vi essa foto na parede, emoldurada, mas apenas ela e o papa apareciam nela: eu tinha sido cortado fora pela minha sogra. Isso deveria ter me sinalizado que algo não ia bem, mas, como sempre, não enxerguei o óbvio.)

Acompanhamos o papa pelo corredor por onde havíamos chegado: no final dele, nos despediríamos, e então seria o fracasso final da nossa missão.

Sentindo que aquela era a minha última chance, mandei as regras da boa conduta diplomática às favas e agarrei o braço do pontífice, firmemente, mas com carinho, para absoluto horror do Mayor e dos cardeais. O velho sacerdote, em contrapartida, acostumado a arroubos emotivos dos fiéis, sorriu paternalmente para mim. Era a deixa que eu precisava, e o meu discurso precisava ser contundente o bastante para anular o efeito soporífero da cantilena do Mayor.

Com voz embargada, falei então:

— Santidade, venho de um país vitimado por uma cruel ditadura militar de muitos anos... por sinal, muitos sacerdotes católicos têm sofrido uma perseguição implacável! Eu também, Santidade, sofri espancamentos, prisões, torturas... meu Deus, nem sei como posso estar aqui, contando-lhe a minha história!...

Federico Mayor não podia acreditar no que ouvia. O Sucessor de Pedro, que havia parado de caminhar e agora se encontrava bem desperto, me escutava com um misto de compaixão e solidariedade no olhar. Alguns passos à frente, o meu cuidadoso cinegrafista gravava tudo.

Eu prossegui em alto e bom som, com uma emoção que não era totalmente fingida:

— Os meus torturadores, Santidade, inclusive se diziam católicos praticantes, e não se envergonhavam de justificar seus atos sanguinários com argumentos de que protegiam o país contra os comunistas... sofrimento e dor foram o nosso pão de cada dia, e de tanto comê-lo eu quase morri, Santidade!

Gestos calorosos substituíram a inércia dos diálogos anteriores. Deixei para o final o meu golpe de misericórdia:

— E Vossa Santidade sabe quem salvou a minha vida?

— Quem? — perguntou o papa, já angustiado com o meu relato melodramático.

— Dom Lucas, Santidade! — exagerei. — Dom Lucas Moreira Neves, seu amigo!

Um sorriso beatífico brotou nos lábios do bondoso ancião.

— É um santo homem — falou.

Agora que eu tinha toda a atenção e simpatia dele, abordei o assunto que me havia levado até lá:

— Santidade, estamos aqui, hoje, meu diretor, don Federico Mayor e eu mesmo, com um convite muito especial: viemos pedir-lhe que participe do filme da Unesco, que abrirá a

Conferência Mundial sobre Meio Ambiente, evento que reunirá centenas de chefes de estado do mundo inteiro...

Ele concordou de bom grado, e as filmagens foram marcadas para o dia seguinte, em Castel Gandolfo, residência papal de verão.

E foi assim que salvei minha missão no Vaticano. Encerrados os beija-mãos, agradecimentos e despedidas, levei uma bronca colossal do Mayor. Eu havia passado por cima da autoridade dele, quebrado todos os protocolos da diplomacia internacional e ainda por cima fora inconveniente.

Dentro do carro, quando nos preparávamos para partir, um cardeal de cara amarrada veio me chamar de volta e pediu que eu trouxesse as fitas gravadas comigo. Mayor me disse:

— Está vendo? Eu sabia que ia acontecer alguma coisa, você fez besteira! Agora vai lá...

Peguei as fitas e segui o cardeal, que me conduziu a um salão imenso a perder de vista, indicou-me uma cadeira parecida com um trono e me fez esperar lá, sozinho, durante quase uma hora. Senti-me como um réu aguardando julgamento.

A severa autoridade eclesiástica retornou com um pequeno séquito e, sem rodeios, falou-me o seguinte:

— O senhor, como funcionário internacional da ONU, diplomata em visita oficial a Sua Santidade, deveria saber que, numa audiência com um chefe de estado (e o Vaticano é um estado) em hipótese alguma se deve fazer menção aos problemas de política interna de um terceiro país. Ora, foi exatamente o que o senhor fez, e isso é inadmissível. Lamentamos profundamente esse incidente, mas não podemos deixá-lo sair daqui com essas fitas gravadas contendo denúncias contra o governo brasileiro, e inclusive com detalhes escabrosos. Precisamos chegar a um acordo.

Concordei mansamente, empurrando o lote de fitas em sua direção, sinalizando que fizessem com elas o que bem entendessem. Aguardei mais um pouco, enquanto discutiam em italiano, e, finalmente, a pequena inquisição me deu uma segunda ordem, em tom mais ameno:

— Por favor, pegue as fitas e nos siga!

Voltei a percorrer vertiginosos corredores, escadarias e saguões. Nada era pequeno naquele lugar sagrado, e os quadros famosos em cada parede remetiam a universos de misticismo e sonho. Nenhuma caminhada se fazia em segundos ou minutos, tudo era monumental, inclusive as passagens de um lugar a outro.

O meu medo era que cancelassem a gravação do dia seguinte. Mas, em outro aposento, fui informado da decisão deles: eu poderia ficar com as fitas, porém o som seria retirado.

Agradeci e me desculpei por aquele erro involuntário que havia sido totalmente proposital. No dia seguinte, em Castel Gandolfo, gravei a participação, para o meu filme, daquele cujo processo de canonização já começou e que talvez venha a ser conhecido, futuramente, como São João Paulo II.

* * *

Land ahoy e um filme sobre os cinquenta anos da Unesco — depois transformado no primeiro DVD da Organização, peça de orgulho da gestão do Mayor e em cuja festa de lançamento tivemos a presença encantadora de Catherine Deneuve — foram minha última contribuição significativa como documentarista.

Em 1992, ano em que ocorreu a Conferência das Nações Unidas sobre o Meio Ambiente e o Desenvolvimento, nasceu minha única filha com Laurence, Maité.

A bênção apostólica do Santo Padre não ajudou a salvar a união com Laurence: minha satiríase punha mais um relacionamento a perder. Pela terceira vez na vida a cena se repetia: cheguei à noite em casa e a minha companheira havia partido, levando nossa filha.

Mal sabia eu que o meu inferno astral estava apenas começando.

Meu filho Taoana, com seus vinte anos de idade, teve problemas com a polícia por causa de drogas, que lhe custaram alguns meses numa velha prisão da cidade de Saint Malo, onde eu regularmente ia visitá-lo e passava por revistas minuciosas e constrangedoras, sendo obrigado a ficar inteiramente despido.

Voltando de uma dessas viagens, escrevi no trem uma música — que foi gravada por uma francesa, Veronique Leberre, cantora de *jazz* e excepcional intérprete de Boris Vian — intitulada "Banni" [Banido]:

Banni de mon âme
t'as échappé belle
d'un destin
privé de couleur

Banni de mon âme
bandit de mon coeur

Je pense a toi
je ne sais pas pourquoi
je pense a me battre
pour ta liberté

Je pense
le destin

il ne faut pas l'oublier
pour regarder
dans son miroir

Le joint que t'enferme
un jour
vas sauter
mais dédans ou dehors
il faut se sauver

Ma memoire
c'est mon miroir du matin
que je regarde
maintenant

    Meus filhos cresceram com poucas visitas paternas, em virtude da dificuldade criada por suas mães para que eu os visse. Taoana, nesse sentido, foi sempre o mais conciliador de todos, ele representava a ponte entre os lados estremecidos da família. Paradoxalmente, era seduzido pelo perigo e em toda a sua curta vida sempre cortejou a morte, até que ela, apaixonada por ele, resolveu raptá-lo, aos 30 anos de idade.
    Amante de esportes radicais, subiu a Briançon, nos Alpes, e disse à esposa grávida que esperasse para vê-lo passar de caiaque no rio que corta a cidade. A época era de muito degelo, e ignorando o alerta de policiais de que a corrente estava violentíssima, deixou-se levar por ela. Do alto da ponte, sua esposa o viu passar, mas sem caiaque, e sem vida. Dois meses depois nascia o filho de ambos, meu neto Youenn.
    Quando essa tragédia ocorreu, eu não morava mais na França.

Em 1999, Federico Mayor não conseguiu se reeleger, e nem a um sucessor. O imbecil do Chirac era o presidente da França e fez pressão para que o japonês Koichiro Matsuura se tornasse o novo diretor-geral da Unesco, em troca da compra, pelo Japão, de numerosas unidades de Airbus.

— A eleição desse japonês rendeu muito Airbus — resmungou Mayor.

Como aqueles muito próximos a um monarca morto ou deposto acabam afastados, eu também fui. Diretor novo, equipe nova. De qualquer forma, minha cabeça estava a prêmio fazia um bom tempo.

— E agora, Mestre? — perguntei a Paulo Freire, com quem eu conversava às vezes, desde a sua morte, em 97.

— Hora de voltar pra casa, meu filho — disse ele.

Voltei. De vez.

* * *

Cheguei de volta ao Brasil como saí: pobre e anônimo. Estive perto dos ricos, poderosos e célebres, mas não me beneficiei disso de modo algum. Conheci todo mundo, mas ninguém me conhece, e nada tenho, exceto minhas memórias. E, na verdade, as lembranças são a única coisa que de fato nos pertence. "O que lembro, tenho", já sabia Guimarães Rosa.

E aos que perguntarem se é verdade tudo o que contei, darei a resposta de Marco Polo, quando questionado se todas as coisas extraordinárias e maravilhosas escritas no seu livro *As viagens* ocorreram mesmo:

"Eu não contei nem a metade de tudo o que vi".

Anexo

As letras que se seguem são das canções
do CD brinde que acompanha esta edição.

Músicas e letras: Carlos Marques
Voz: Veronique Leberre
Arranjos e violão: Luiz de Aquino

TRANSPARENTE

Tu és a voz do infinito
transparente como o vidro
no escuro da manhã
falo baixo
aos teus ouvidos
porque sei
que os meus gemidos
nem passam perto
do teu coração

TEU JEITO DE AMAR

O meu jeito de amar
feito em casa
tem gosto de comida caseira

fogão de lenha
de tijolo do barro
da costela de adão

seu tempero dá brilho no olho
e água na boca
e te deixa louca
salivando o coração

e é com ele
que te deixo molhada
na chuva do amar
que a seca nos fez esperar

IPOJUCA

Levei cadeira pro cinema
quando ia assistir às sessões
lá no salão paroquial
daqueles padres
numa pacata cidade do interior

tarde da noite
subindo a ladeira
eu voltava assoviando uma canção
com mil cenas se passando na cabeça
e outras tantas colocando em ação:
um cavalo
um mocinho
um bandido
e um menino... com uma cadeira na mão

Ipojuca tão maluca
que saudade
você me deixou

Ipojuca tão maluca
que saudade
você me deixou

LUGAR INOCUPADO

Meu coração
está vazio
num lugar ainda ocupado
por você

ondas agitam
meu caminho
e me dizem
que sozinho
não posso ser

sou passageiro
de um barco sem rumo

*saído do porto
da solidão*

*e do outro lado dessas águas
é ai que fui plantar
meu coração.*

NOVA PELE

*Não te esqueço, amor
o meu silêncio é minha dor
cultivando cicatriz
a saudade é nova pele
a cobrir meus ferimentos
num enxerto
de momento
pra estancar o sangramento
que ainda escorre
no meu coração*

não te esqueço, amor
(bis)
quando tudo estiver

*no seu lugar
e que eu puder
controlar minha emoção
certamente*

*eu vou poder te procurar
pra te dizer
de todo bem
que você me fez
te agradecer
as gotas d'água
que eu bebo
e as palavras musicadas
nas insônias
da distância de você*

PEIXE GRANDE

*Fio a fio
vou desatando
o desafio
contando historia
para um dia
te amar*

*fio a fio
eu vou tecendo
minha rede
para, um dia,
lançá-la
ao mar*

*é peixe grande
é peixe grande
é peixe grande*

*é peixe grande
que não quer
se afogar:
levanta a cabeça, meu peixe,
no peito
eu vou te afagar*

DESESPERADAMENTE EM PAZ

*No porto das palavras
atraquei meus pensamentos
joguei minhas amarras
na ponte do dizer*

*meus sonhos continuam
embalados pelo vento
brisas e rajadas
me levam ate você
sentado*

*lá no cais das letras
querendo desvendar teus sons
balbuciando
frases soltas navego
nessas ondas de ilusão*

*desembarquei
em terra à vista
de areias movediças
onde encontrei pessoas
vivendo como eu*

*cotidianamente em mágicas
desesperadamente em paz*

DRAMA DE AMOR

*Na tela aparece nome dela
versão daquele filme
drama de amor
a história se desenrola no deserto
sequências e imagens de onde estou
a água e o sorriso são miragens*

*só tenho pra minha sede
lágrimas e dor
me sinto como um bandido
meio acuado
e do meu esconderijo
esqueço quem sou*

*delírios de tuaregs fantasiados
armados fuzis e sabres
guerra de amor
lutando pra salvar a minha amada
num campo de batalha
onde não sou*

*ferido na sala de montagem
reescrevo nova cena*

*com novo ator
invento um novo personagem
bandido e herói
um salvador*

*reescrevo enredos e mistérios
faço ate meu sangue
mudar de cor*

*retorno as areias a procurá-la
no sol e na ausência
suor... calor*

*no oásis desencantado
vou procurá-la
e lhe digo que no meu filme
tudo mudou*

*mas ela sem querer olhar pra mim
retorna aquela tela
a espera da palavra
fim*

*ainda bem
que essa foi a ultima cena
deus queira que ela me espere
na saída do cinema*

LETRAS DO ALFABETO

*Existem
palavras por aí
sobrando
e letras do alfabeto
espalhadas pelo chão*

*varrendo ruas do mundo
quero juntar poeiras
e ver escrito nesse lixo
a palavra coração*

*não se perturbe
vou recolhê-la
limpá-la inteira
com minhas mãos*

*quando der brilho
e poder lê-la
vou devolvê-la
à multidão*

CARROSSEL

*Apagou se no céu
a minha primeira estrela
e no meu carrossel
faltou um brinquedo a mais*

*continuo a dar voltas
enquanto houver energia
mas o q quero é dizer
que hoje fez escuro de dia*

*boa viagem, amiga,
no teu destino de agora
sei que ainda vou encontra la
mas... por que você foi embora?*

TEMPESTADE EM COPO D'ÁGUA

*Você
anunciada
tempestade em copo d'água*

*você
Igarapé de um oceano de paixão
Escuta o forte
Embora o fraco te anime
E está molhada
No suor dos teus desejos*

*não vá embora
sem me dar um beijo
que eu vou
pra aquele céu da boca
de nós dois*

PASSAGEIRO

*Meta metade
é que a metade
é minha meta
e se você for mais esperta
até que pode me entender*

*meta metade
é a metade de um inteiro
sou apenas passageiro
no exercício do viver*

*que será melhor inteiro
se a outra metade
me entender*

BANNI DE MON ÂME

*Banni de mon âme
t'as échappé belle
d'un destin
privé de couleur*

*banni de mon âme
bandit de mon coeur*

*je pense a toi
je ne sais pas pourquoi
je pense a me battre
pour ta liberté*

*je pense
le destin*

il ne faut pas l'oublier
pour regarder
dans son miroir

le joint que t'enferme
un jour
vas sauter
mais dédans ou dehors
il faut se sauver

ma memoire
c'est mon miroir du matin
que je regarde
maintenant

> As canções a seguir são da trilha sonora
> do filme *Carnaval, o aval da carne*.

> ARRANJOS, CORDAS E TECLADOS: Ari Sperling
> PERCUSSÃO: Ari Sperling
> CONTRABAIXO: Jamil Soares
> BATERIA: Teo Lima
> SAX TENOR: Zé Carlos
> TROMPETE: Nilton Rodrigues
> CORO: Belva Redd Soraia e A. Sperling
> GRAVAÇÃO E MIXAGEM: Everson Dias
> PRODUÇAO: Anne Jordan

TIRADENTES
Poema de Carlos Pena Filho

É o muito esperar
que existe em torno
que me destina a ação desbaratada:
a morte é bem melhor
do que o retorno ao nada

não nasce a pátria agora
o sonho mente
mas em meio à mentira
sonho e luto
pois sei
que sou o espaço
entre a semente e o fruto

CONVITE
(Frevo)

Voz: Carlos Marques

Arranje um convite
para mim
ou então
me ponha para dentro (de você!)

me disseram
sua dança é muito boa
meu ingresso
será teu consentimento

há muito tempo
que eu queria
te falar dos meus desejos:
muitos beijos pra te dar
num lugar
concebido para amar

e sei que você
vai entender
só posso entrar se você
arranja um convite para mim
que eu quero
gozar com você

Índice Onomástico

Abdou Diouf, 211
Abel Silva, 56
Adolpho Bloch, 50, 60, 66, 87, 107, 135
Adriano Maurício, 133
Afonsinho, 57
Agnísio Marques de Souza, 19, 218
Agostinho dos Santos, 126, 127
Aguinaldo Silva, 27, 28
Ailton Quintiliano, 46
Alain Bernardin, 109
Alain-René Lesage, 11
Alain Touraine, 222
Alberto Giacometti, 118
Alceu Valença, 159, 159, 160
Alécio de Andrade, 109, 111, 136, 164
Alfredo Moacyr de M. Uchôa, 142
Allen Hynek, 141, 142
Amadou-Mahtar M'Bow, 210
Amanda Lear, 114

Ana Maria Bahiana, 92, 93
Anchorena, 148
André, 157, 159
André Gide, 119
Anecy Rocha, 167
Anelisa Alvim, 159
Ângela Diniz, 91
Anne Jordan, 170, 175, 179, 180, 200
Annick Thebia, 221, 222
Annie Besant, 131
Antônio Camelo, 26
Antônio Carlos, 20
Antônio Carlos Drummond, 89
Antônio Conselheiro, 32
Antônio Melo, 31, 32
Antônio Olympio, 54
Apoena, 67, 152, 161
Apocna Mcirclcs, 67
Armando Bógus, 56
Arnaldo Niskier, 67, 103
Aramis Milarch, 141

Aron Abend, 36
Ascenso Ferreira, 24, 25
Augusto César Vanucci, 87
Augusto Marzagão, 165
Aureliano Chaves, 163

Baden Powell, 88
Balthus, 118, 119
Barão de Waldner, 109
Barbara Hendricks, 228
Baudelaire, 117
Beresford Evans, 103
Bernard Shaw, 108
Betty Faria, 88
Boni, 87, 88, 90
Boris Vian, 241
Borjalo, 88
Boutro Boutros Ghali, 228
Bráulio Pedroso, 89, 90

Cacá Moreno, 170
Caetano Veloso, 54, 55, 69, 71, 73, 74
Camarón de la Isla, 164
Carl Jung, 102
Capinam, 54, 94
Carlos Átila, 162, 163
Carlos Drummond de Andrade, 110
Carlos Heitor Cony, 28
Carlos Imperial, 54, 56
Carlos Josaphat, 34
Carlos Mariguela, 48
Carlos Vereza, 90
Cartier Bresson, 110
Cartola, 53
Cássio Cunha Lima, 215
Castelo Branco, 34, 50
Catherine Deneuve, 13, 207, 240

Celso Amorim, 271
Celso Furtado, 32
Chaplin, 204, 205
Chacrinha, 87
Chico Buarque, 50, 56, 58, 164, 165
Christa, 185
Christine Heuser, 185
Christopher Lee, 126, 128, 129, 130
Cícero de Carvalho, 87
Cícero Dias, 116
Cícero Sandroni, 28
Cid Moreira, 91
Clarice Lispector, 28
Claude Béignères, 204, 205, 206
Claude Casteran, 163
Claude Debussy, 204
Claude Lelouch, 205
Cláudio Marzo, 88
Cláudio Mello e Souza, 107, 108, 135
Cleber Santos, 156
Clementina de Jesus, 156
Cristina (infanta), 208, 223, 224

Danielle Mitterrand, 226
Danuza Leão, 180
Darcílio Lima, 96, 102, 104, 116, 199
Darlene Glória, 56
David Cooper, 96
De Chirico, 117
Desmond Tutu, 217
Dias Gomes, 89
Didier Grousset, 163
Dilma Roussef, 212
Doca Street, 91
Dom Hélder Câmara, 49

Dominique Callace de Ferluc, 202
Dominique Dreyfus, 157
Dona Argentina, 34
Dona Lúcia, 168
Dona Magaly, 46
Dona Tita, 136, 159, 160

Edgar Allan Poe, 117
Edson Nery da Fonseca, 19, 125
Eduard Shevardnatze, 114
Eduardo Frei, 40
Eduardo Galeano, 146
Eduardo Portella, 53, 221
Elio Gaspari, 201
Elis Regina, 58, 59, 87, 157
Elton (traficante), 180, 186, 187, 188
Elton Medeiros, 56
Elza Freire, 32
Enrique Rodríguez Larreta, 215
Erasmo Carlos, 54
Erich von Däniken, 178, 184
Ernesto Geisel, 201
Eurico Andrade, 26, 27
Evita Perón, 144, 145
Ezequiel Neves, 92

Fábio Rodrigues, 200
Fagner, 157, 158, 159, 161, 164, 166, 169, 170, 171
Fausto Figueira de Melo, 34
Fausto Figueira de Melo Jr., 34
Fausto Nilo, 164, 165
Federico Fellini, 117, 204, 205
Federico Mayor, 17, 189, 207, 209, 210, 212, 217, 218, 221, 223, 231, 238, 243
Fernando Henrique Cardoso, 221, 223

Fernando Pamplona, 55
Fernando Peixoto, 56
Fernando Sabino, 27
Fidel Castro, 126
Filinto Müller, 126
Flávio Cavalcanti, 92
Francis Ford Coppola, 204
Francisco Brennand, 118, 119
Francisco Julião, 31
Francisco Meireles, 67
Francisco Weffort, 32
François Mitterrand, 157, 213, 218, 219, 220, 223, 226
Franklin Martins, 54
Frederik de Klerk, 211
Frei Betto, 34, 48
Frei Maurício, 48

Gabriela Mistral, 208
Gal Costa, 55, 58
Gala Dalí, 115, 116
García Lorca, 157, 167
Geraldine Chaplin, 204, 205
Geraldo Marques, 96, 97
Geraldo Vandré, 165
Gerardo Mello Mourão, 104, 199, 200
Getúlio Vargas, 110, 126
Gil Pinheiro, 61
Gilberto Freire, 19, 163, 215
Gilberto Gil, 55, 58, 70, 71, 72, 74, 76, 77
Gilberto Mestrinho, 180
Giocondo Maria Grotti, 68
Giscard d'Estaing, 139
Giuliano Gemma, 88
Glauber Rocha, 125, 130, 167, 169, 171
Golbery, 167

Guilherme Araújo, 55, 71
Guimarães Rosa, 47, 55, 243

Hans Günther Hauck, 185, 191, 193
Helen Merrill, 170
Helena Blavatski, 131
Henri Lopes, 207
Henry Kissinger, 108
Herbert Wanner, 185
Hervé de Longchamps, 113
Hilton Gomes, 66, 91
Hitler, 116, 128, 182
Ho Chi Minh, 123
Homero Icaza Sánchez, 88
Houphouët-Boigny, 211, 220
Hugo Carvana, 87
Humberto Barreto, 200, 201, 202

Ibrahim Sued, 54
Ignácio de Loyola Brandão, 103, 148
Indira Gandhi, 208
Isabelita Perón, 143, 144, 145, 147, 148, 149
Ítala Nandi, 56
Ivan Illich, 49
Ivan Lins, 87
Ivan Serpa, 103

Jacques Chirac, 220, 221, 243
Jacques Cousteau, 18, 188, 189
Jader Neves, 60
Jaguar, 86
Jane Costa Ribeiro, 44, 46
Janete Clair, 145
Jaquito, 87
Jayme Maurício, 103, 104
Jean-Claude Bourret, 140, 142
Jean Cocteau, 81, 119

Jean Genet, 3, 81, 82, 83, 84, 85, 86, 96, 117
Jean-Michel Cousteau, 189
Jean-Paul Sartre, 81, 83, 84, 91 e 208, 250
Jean Rouche, 171
Jeanne, 229, 230
Jeanne Moreau, 206
Jerônimo d'Ávila, 47
Jerusa, 98
Jimmy Carter, 217
Joan Baez, 117
Joan Manuel Serrat, 164
João Figueiredo, 142
João Goulart, 35
João Paulo II, 3, 13, 17, 18, 171, 227, 231, 240
João Ubaldo Ribeiro, 168
Joaquim da Costa Ribeiro, 44
Joel Silveira, 28
Joezil Barros, 26
John Reed, 185
Jomar Muniz de Brito, 36
Jorge Amado, 167, 168, 221, 222
Jorge Bodanzky, 176, 184
Jorge Luis Borges, 143
Jorge Semprún, 222
Jorge Viana, 75, 76
José Ângelo Gaiarsa, 113
José Celso Martinez Correia, 56
José Emílio Rondeau, 92
José Itamar de Freitas, 140
José Mojica Marins, 129, 130, 135, 156
Josimar Moreira, 26, 49
Juan Carlos (rei), 166, 208, 224
Juan Miró, 118
Juan Perón, 143, 144, 145, 227
Juarez Duarte Bonfim, 70, 76

Juliana, 67, 82, 90, 161
Júlio Bressane, 90
Júlio Cortázar, 164
Júlio Sambaqui, 35
Juscelino Kubitschek, 59, 60
Justino Martins, 54, 67, 81, 108, 109, 110

Karl Brugger, 175, 176, 180, 193
Karl Marx, 36, 219, 220, 223
Khalil Gibran, 133
Koichiro Matsuura, 243
Krishnamurti, 131, 132, 133, 135, 143, 146

Lady Di, 107
La Fontaine, 149
Laurence Cawet, 216, 217, 218, 237, 240, 241
Le Corbusier, 36
Ledo Ivo, 53
Leila Shahid, 212
Leon Hirszman, 102
Leonardo Boff, 49
Leonel Brizola, 87, 98, 175
Leonor Fini, 116, 117
Liana Andrade, 66, 82, 84, 90, 133, 161
López Rega, 144, 145, 148
Luc Besson, 163
Luc Montagnier, 218
Lucas Moreira Neves, 18, 95, 238
Luchino Visconti, 204
Lúcio Flávio, 88
Luis Buñuel, 103, 206
Luís Carlos Maciel, 91, 93
Luís de Camões, 24
Luiz Carlos Barreto, 167
Luiz Fernando Emediato, 105

Luiz Gonzaga, 94
Lula, 211, 212
Lulu Librandi, 49, 201
Lulu Santos, 61

Maité, 240
Madalena Freire, 32
Madame Zimbalist, 135
Manasses de Souza, 164
Manuel Bandeira, 24, 111
Marcel Proust, 204
Marcelo Grassmann, 103
Marco Polo, 243
Marcos Lins, 64, 66
Marcos Paulo, 88
Margot Fonteyn, 117
Maria Gladys, 56
Mariah Anunciação da Costa Penna, 58
Mário Andreazza, 67
Mário de Andrade, 24
Mário Martins, 54
Mário Pedrosa, 102, 11
Marlene Dietrich, 107
Marquês de Sade, 117
Marta Alencar, 87
Maurice Béjart, 205
Mauro Motta, 26
Mauro Santayana, 167
Max Ernst, 117
Mercedes Sosa, 123, 164, 166, 169
Michel Dellorme, 160
Michel Foucault, 96
Michel Temer, 126
Mick Killingbeck, 93
Miguel Arraes, 26, 31, 64
Miguel de Unamuno, 208
Mikhail Gorbachev, 213

Milton Coelho da Graça, 26
Míriam Mehler, 56
Moacyr Franco, 89
Muniz Sodré, 11, 106

Nara Leão, 58
Nelson Duarte, 92, 93, 94, 95
Nelson Mandela, 18, 210, 228
Nelson Rodrigues, 54, 222
Nena, 113, 114
Nguyen Thi Binh, 109
Nilda Maria, 83
Nise da Silveira, 102, 103, 117
Norman Hilary Balnes, 93

Okky de Souza, 92
Oscar Niemeyer, 36
Os Mutantes, 89
Otto Maria Carpeaux, 63

Pablo Picasso, 117, 118
Paco de Lucía, 164
Padre Lopes, 43
Paul Éluard, 116
Paul Valéry, 208
Paula Gaetan, 165, 169
Paulinho da Viola, 56
Paulo César Pereio, 58
Paulo de Tarso Santos, 35
Paulo Francis, 63
Paulo Freire, 12, 28, 32, 33, 35, 36, 37, 39, 40, 214, 243
Paulo Gaudêncio, 47, 48
Paulo Raphael, 159
Pedro Nava, 111
Pedro Soler, 113, 157
Pelé, 3, 224, 226
Pepe de la Matrona, 157
Peregrina Gomes Serra, 56

Peter Cushing, 126
Príncipe Sinkaia, 181

Qabus bin Said Al Said, 231
Quino, 146, 148, 149

Rafael Alberti, 165, 166
Raimundo Irineu Serra, 68, 76
Raimundo Magalhães Jr., 28, 54
Rainer Maria Rilke, 119
Ralph Justino, 170
Raymond Cantel, 214, 215
Raymonde Heuzé, 125, 128, 131, 143, 149, 152, 155, 156, 161
Régine Mellac, 157
Rémy Kopa, 157
Ricardo Pachon, 167
Rimbaud, 123
Robert Galley, 139
Roberto Carlos, 54
Roberto Marinho, 108
Roberto Pirilo, 88
Roberto Talma, 56
Rogério Duarte, 56
Roland Petit, 117
Ronald Laing, 96
Ronaldo Bôscoli, 59
Rosa Freire d'Aguiar, 32
Rose Marie Muraro, 33, 45, 48, 67, 91, 105, 170
Rüdiger Nehberg, 186
Rudolf Nureiev, 205
Ruth Escobar, 81, 83, 86
Ruy Castro, 55, 62

Saddam Hussein, 89
Salomon Haillou, 213
Salvador Dalí, 3, 103, 113, 115, 116

Samuca, 180
Samuel Wainer, 26, 180
Sani Abacha, 213
Scarlet Moon de Chevalier, 61
Sebastião Barbosa, 67
Sebastião Nery, 49, 143
Sérgio Cabral, 46, 58, 87
Sérgio Fleury, 48, 126
Setsuko Ideta, 119
Shakespeare, 117
Shimon Peres, 220
Sidney Miller, 44, 46
Sigmund Freud, 208
Silvia Amélia Marcondes Ferraz, 109
Silvio Lins, 64
Silvio Silveira, 135, 136
Slobodan Milosevic, 235
Sofia (rainha), 166, 224
Stéphane Bourgoin, 123, 125, 130, 162
Suzana Vieira, 88
Stanislaw Ponte Preta, 54

Tancredo Neves, 45
Tânia Quintiliano, 46
Tânia Scher, 56
Taoana, 5, 155, 161, 241, 242
Tarso de Castro, 89, 91, 109
Tarso Santos, 35
Tatunca Nara, 177, 183, 185, 186, 188
Ted Kennedy, 170
Telma Soares, 55
Terence Fisher, 126
Thomas Mann, 208
Tia Dulce, 22
Tião Viana, 75
Tim Maia, 88

Tito de Alencar, 48
Tom Jobim, 165
Tony Renis, 62
Torquato Neto, 54
Tran Van Lam, 109
Tude Sobrinho, 158
Túlio Quintiliano, 46

Ulrich Encke, 176, 177, 189, 190, 191, 192

Václav Havel, 221, 223
Vagn, 62, 64, 96
Vanda Hingel, 61, 62, 66
Veronique Leberre, 241
Vianinha, 90
Victor Garcia, 81
Vilma, 63
Vincent Rimbaud, 123

Walt Disney, 208
Walter Clark, 87
Walter Lima Jr., 168
Waly Salomão, 105
Wanderléa, 54
Wanderley Diniz, 47
Wole Soyinka, 212, 213
Wolfgang Brög, 186, 195
Woody Allen, 65

Yasser Arafat, 18, 210, 212, 220
Yitzhak Rabin, 220
Youenn, 242

Zé Arigó, 59, 60
Zélia Gattai, 168, 221
Ziraldo, 62, 63, 86
Zuenir Ventura, 13, 93, 171

Impressão e Acabamento
Prol